INFINITY COOKBOOK PREZENTUJE:

Słodka strona Japonii

Japoński biznes słodyczy - jak zbudować własną markę i czerpać zyski z Wagashi

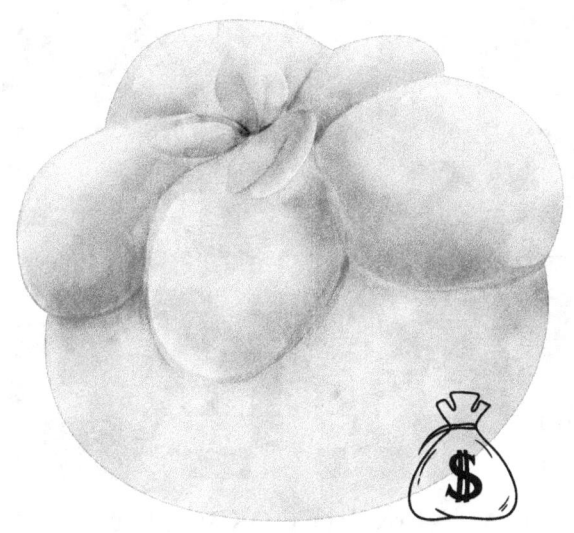

AUTOR KSIĄŻKI:
BEN TOU

DZIĘKI INFINITY COOKBOOK JUŻ NIGDY NIE BĘDZIESZ POTRZEBOWAĆ INNEJ KSIĄŻKI KUCHARSKIEJ! UZYSKAJ DOSTĘP DO DOWOLNEGO PRZEPISU, W DOWOLNYM MOMENCIE, W JEDNYM MIEJSCU – WYSTARCZY, ŻE ZAPYTASZ. TWÓJ NAJLEPSZY TOWARZYSZ W KUCHNI – NIE PRZEGAP TEJ OKAZJI!

WWW.INFINITYCOOKBOOK.COM

KSIĄŻKA ZOSTAŁA PRZETŁUMACZONA Z JĘZYKA ANGIELSKIEGO, PRZEZ CO CZASAMI POZOSTAWIAMY NAZWY WŁASNE, LUB UŻYWAMY SYNONIMÓW, JESTEŚMY JEDNAK PRZEKONANI, ŻE NIE ZABURZY TO ODBIORU I DA WAM MOŻLIWOŚĆ SPRÓBOWANIA ZUPEŁNIE NOWYCH, KREATYWNYCH SMAKÓW, A TAKŻE NABYCIE NOWYCH, LUB ZWIĘKSZENIE JUŻ POSIADANYCH ZDOLNOŚCI!

COPYRIGHT © 2024 BY BEN TOU WSZELKIE PRAWA ZASTRZEŻONE.
ŻADNA CZĘŚĆ TEJ KSIĄŻKI NIE MOŻE BYĆ POWIELANA W JAKIEJKOLWIEK FORMIE BEZ PISEMNEJ ZGODY WYDAWCY LUB AUTORA, Z WYJĄTKIEM PRZYPADKÓW DOZWOLONYCH PRZEZ POLSKIE PRAWO AUTORSKIE.

uroczystości oraz sztukę równowagi i harmonii. Każdy kawałek - czy to delikatne mochi, kolorowe daifuku, czy misternie ukształtowane taiyaki - opowiada historię poprzez swoje smaki, tekstury i estetykę. Słodycze te są wykonane z dbałością, a każdy element, od składników po ostateczną prezentację, jest formą ekspresji. Symbolizują uważność i uznanie dla natury, często powiązane z porami roku, festiwalami i prostymi chwilami radości w życiu.

W dzisiejszym świecie, w którym ludzie coraz częściej poszukują doświadczeń łączących ich z kulturą i historią, japońskie słodycze wyróżniają się jako sposób na zaoferowanie zarówno piękna, jak i tradycji w małym, pysznym kęsie. Rosnąca globalna fascynacja japońskim jedzeniem w połączeniu z rosnącym popytem na unikalne, ręcznie robione produkty sprawia, że słodycze te są jeszcze bardziej atrakcyjne dla różnych odbiorców.

Dla mnie moja podróż do świata japońskich słodyczy rozpoczęła się jako odkrywanie czegoś obcego i nowego, ale szybko przerodziła się w pasję. Najpierw urzekła mnie elegancka prostota wagashi - ich delikatna słodycz, sezonowa symbolika i to, że wydają się niemal zbyt piękne, by je zjeść. Z czasem zaczęłam eksperymentować z robieniem tych słodyczy w domu, od rozciągliwych, ciągnących się mochi po złociste, chrupiące taiyaki. Przyciągnęły mnie nie tylko techniki, ale także głębsze znaczenia kryjące się za każdym dziełem.

Moje początkowe zainteresowanie japońską kulturą szybko przerodziło się w głębsze zaangażowanie w bogate dziedzictwo tego kraju. Kunszt, rytuały towarzyszące ceremoniom parzenia herbaty i dbałość o każdy cukierek współgrały z moim uznaniem dla rzemiosła i tradycji. W miarę jak doskonaliłem swoje umiejętności i prezentowałem swoje dzieła przyjaciołom i rodzinie, dostrzegłem potencjał, że może to stać się bardziej znaczącym przedsięwzięciem niż tylko hobby. Pojawiła się okazja do podzielenia się tym produktem z szerszą publicznością, zbudowania wokół niego biznesu i wykorzystania mojej pasji do japońskich słodyczy do stworzenia odnoszącego sukcesy przedsiębiorstwa.

Istnieje rosnący rynek tradycyjnych japońskich słodyczy. Globalny trend w kierunku globalnych smaków i doświadczeń stwarza nowe możliwości dla firm, aby wykorzystać popyt na japońskie słodycze. Oferują one charakterystyczne połączenie kunsztu, smaku, tradycji i nowoczesności, które odróżnia je od innych deserów. Słodycze te są nie tylko pyszne, ale często oszałamiające wizualnie, dzięki czemu idealnie nadają się do udostępniania na platformach społecznościowych, takich jak Instagram, gdzie kunszt kulinarny jest bardzo popularny.

Co więcej, rosnące zainteresowanie autentyczną, rzemieślniczą żywnością stanowi obiecujący rynek dla japońskich słodyczy. Rośnie popyt na produkty, które są ręcznie robione, wykorzystują wysokiej jakości składniki i mają swoją historię. Japońskie słodycze idealnie pasują do tej kategorii. Produkty te mogą być sprzedawane nie tylko jako artykuły spożywcze, ale także jako doświadczenie, pozwalając klientom cieszyć się kawałkiem japońskiej kultury i historii.

Istnieje wiele możliwości rozwoju, w tym sprzedaż na lokalnych rynkach, oferowanie zajęć lub budowanie marki online dla tych, którzy chcą rozszerzyć swoją działalność wokół tych deserów. Japońskie słodycze są również bardzo wszechstronne, idealne na specjalne okazje, uroczystości sezonowe lub jako codzienny przysmak. Ich wyjątkowy urok tworzy niszę rynkową, w której można wyróżnić się na tle bardziej konwencjonalnych deserów.

Ta książka jest kompleksowym przewodnikiem do rozpoczęcia udanego biznesu w japońskiej branży słodyczy. Zawiera szczegółową mapę drogową przekształcania pasji w dobrze prosperujące przedsiębiorstwo. Książka ta jest przeznaczona dla osób z pasją do pieczenia, przedsiębiorców kulinarnych i osób zainteresowanych odkrywaniem sztuki japońskich słodyczy. Stanowi ona kompleksowy przewodnik po całym procesie, od tworzenia pięknych słodyczy w domowej kuchni po rozwój marki, którą pokochają klienci.

Zrozumiesz podstawy japońskiej produkcji słodyczy, a także poznasz wskazówki dotyczące skalowania przepisów, tworzenia unikalnej linii produktów i odkrywania własnego stylu. Co więcej, książka nie ogranicza się do kulinarnych aspektów branży. Zapewnia również dogłębny wgląd w biznes słodyczy. Znajdziesz tu porady dotyczące budowania marki, ustalania cen, marketingu i zwiększania zasięgu zarówno za pośrednictwem kanałów online, jak i offline. Przeanalizujemy, jak pielęgnować publiczność za pośrednictwem mediów społecznościowych, jak zarządzać kosztami produkcji i jak przekształcić swoje kuchenne kreacje w zrównoważone, dochodowe przedsięwzięcie.

Łącząc moje osobiste doświadczenia z praktycznymi spostrzeżeniami biznesowymi, chcę zainspirować czytelników nie tylko do opanowania sztuki japońskich słodyczy, ale także do założenia udanego biznesu w tej dziedzinie. Niezależnie od tego, czy chcesz sprzedawać na lokalnych rynkach, otworzyć własny sklep, czy zbudować globalną markę online, ta książka posłuży Ci jako kompleksowy przewodnik do osiągnięcia Twoich celów.

Zanurzmy się i zbudujmy razem coś słodkiego!

Sztuka japońskich słodyczy

Japońskie słodycze, znane jako wagashi, są czymś więcej niż tylko deserami; są jadalnymi wyrazami tradycji, kunsztu i sezonowego piękna. Słodycze te są często spożywane podczas ceremonii parzenia herbaty lub wręczane jako prezenty podczas festiwali i uroczystości. Każdy słodycz jest starannie wykonany, aby symbolizować harmonię i równowagę zarówno pod względem wyglądu, jak i smaku. Wagashi obejmuje różnorodny zakres form, od miękkich i delikatnych mochi po misternie zaprojektowane nerikiri i chrupiące taiyaki w kształcie ryby.

Filozofia stojąca za japońskimi słodyczami zakłada, że jedzenie powinno odżywiać ciało i umysł, zapewniając poczucie estetycznej i emocjonalnej satysfakcji. Atrakcyjność wizualna tych słodyczy jest równie ważna jak ich smak. Wiele słodyczy jest zaprojektowanych tak, aby odzwierciedlać zmieniające się pory roku lub określone tematy kulturowe. Rzemiosło jest kluczowym elementem atrakcyjności tradycyjnych słodyczy, niezależnie od tego, czy są one przygotowywane na specjalną okazję, czy w nowoczesnym wydaniu.

Kluczowe składniki i techniki

Jakość składników jest podstawą każdego wspaniałego wagashi. Wiele tradycyjnych japońskich słodyczy wykorzystuje kilka wybranych, wysokiej jakości składników, w tym mąkę ryżową, anko (słodką pastę z czerwonej fasoli), kinako (prażoną mąkę sojową) i agar-agar (żelatynę na bazie wodorostów). Prostota tych składników pozwala na wysoki stopień kreatywności, ale wymaga również wysokiego poziomu umiejętności w posługiwaniu się nimi w celu uzyskania idealnej tekstury i smaku.

Na przykład produkcja mochi, słodkiego ciasta ryżowego, wymaga precyzji i dbałości o szczegóły, aby zagwarantować, że ciasto jest plastyczne, a jednocześnie elastyczne. Produkcja daifuku polega na owijaniu miękkiego mochi wokół aromatycznego nadzienia, takiego jak słodka pasta z czerwonej fasoli lub świeże owoce. Yokan to twardsze słodycze wykonane z agar-agar i pasty ze słodkiej fasoli, często podawane w czystych, geometrycznych plasterkach.

Opanowanie technik stojących za tymi słodyczami wymaga czasu i praktyki. Jednak po ustanowieniu fundamentów jest miejsce na eksperymenty i innowacje. Ta książka zawiera przegląd tego, jak zbudować biznes wokół tych słodyczy. Dla tych, którzy chcą dowiedzieć się więcej o składnikach i technikach, mamy całą serię, która oferuje szczegółowe przewodniki krok po kroku na temat opanowania każdego z tych słodyczy.

Charakterystyczne słodycze, które mogą być częścią linii produktów

Podczas opracowywania linii produktów ważne jest, aby oferować połączenie tradycyjnych ulubionych i unikalnych kreacji, które są zgodne z tożsamością marki. Następujące japońskie słodycze są zalecane jako podstawowa oferta:

Mochi to tradycyjne japońskie słodycze wykonane z mąki ryżowej i kleistego ryżu. Mochi to uniwersalny i popularny przysmak, który może być wypełniony różnymi składnikami, w tym pastą ze słodkiej fasoli, lodami lub świeżymi owocami. Charakterystyczna konsystencja do żucia i subtelna słodycz sprawiają, że jest to bardzo popularny produkt o nieskończonych możliwościach kształtu i smaku.

Taiyaki: Te ciastka w kształcie ryb, wypełnione słodką pastą z czerwonej fasoli, kremem lub czekoladą, są popularnym produktem ulicznym w Japonii. Ich nostalgiczny urok i różnorodność nadzień sprawiają, że są idealnym produktem do każdego otoczenia.

Dorayaki: Te przypominające naleśniki słodycze są wypełnione anko i stanowią łatwe, ale lubiane przez tłumy uzupełnienie linii produktów. Jego miękka, gąbczasta konsystencja dobrze nadaje się do różnych nadzień, w tym tradycyjnych i nietradycyjnych opcji, takich jak krem matcha lub Nutella.

Nerikiri: Dla tych, którzy szukają bardziej rzemieślniczej oferty, nerikiri to piękne słodycze, zwykle wykonane ze słodzonej pasty z białej fasoli i mąki ryżowej, uformowane w delikatne kwiaty, liście lub motywy sezonowe. Jest często spożywany podczas ceremonii parzenia herbaty, co czyni go doskonałym wyborem do sprzedaży wysokiej klasy lub opartej na wydarzeniach.

Oferując kombinację tych charakterystycznych słodyczy, można zaspokoić różne preferencje klientów i okazje, od codziennych przyjemności po bardziej wyrafinowane doświadczenia.

Znaczenie autentyczności i kreatywności

Jednym z najbardziej ekscytujących aspektów pracy z japońskimi słodyczami jest znalezienie właściwej równowagi między autentycznością a kreatywnością. Wagashi jest zakorzenione w tradycji, z zestawem ustalonych technik i smaków, które były przekazywane przez wieki. Dla tych, którzy szukają autentycznego japońskiego doświadczenia, autentyczność jest często kluczowym priorytetem. To sprawia, że dla purystów i tych, którzy chcą doświadczyć prawdziwego smaku Japonii, niezbędne jest opanowanie klasyki.

Istnieje jednak również szansa na innowacje. W miarę jak japońskie słodycze zyskują popularność na całym świecie, rośnie zapotrzebowanie na nowoczesne interpretacje, które przemawiają do szerszego, bardziej zróżnicowanego zakresu gustów. Na przykład włączenie matcha (zielonej herbaty w proszku) lub opracowanie hybrydowych słodyczy z zachodnimi składnikami, takimi jak czekolada lub śmietana, może poszerzyć bazę klientów, zachowując jednocześnie istotę japońskiego rzemiosła.

Kluczem jest znalezienie równowagi między tradycją a innowacją. Ważne jest, aby szanować pochodzenie i podstawowe składniki słodyczy, pozostawiając jednocześnie miejsce na kreatywność. Może to oznaczać eksperymentowanie z różnymi nadzieniami, zabawę smakami i teksturami lub oferowanie sezonowych wariacji, które utrzymują menu świeże i ekscytujące. Łącząc autentyczność z własnym, unikalnym spinem, możesz zaspokoić zarówno tradycjonalistów, jak i tych, którzy szukają czegoś nowego.

Rozwijanie linii produktów

Jak zdecydować, które słodycze sprzedawać: tradycyjne czy innowacyjne przepisy?

Decydując, które japońskie słodycze włączyć do swojej linii produktów, należy rozważyć, czy oferować tradycyjne przepisy, które są zakorzenione w historii i kulturze, czy też bardziej innowacyjne kreacje, które zaspokajają współczesne gusta. Oba podejścia oferują różne możliwości, a określenie optymalnej mieszanki może wyróżnić Twoją markę.

Tradycyjne przepisy: Włączenie tradycyjnych japońskich słodyczy, takich jak mochi, dorayaki lub taiyaki, może pomóc w nawiązaniu połączenia z bogatym dziedzictwem japońskich słodyczy. Te nieprzemijające ulubione produkty będą rezonować z klientami poszukującymi autentycznego smaku Japonii, zapewniając jednocześnie kulturową kotwicę dla Twojej marki. Wielu konsumentów docenia kunszt i historię kryjącą się za tymi przepisami, co dodaje produktowi dodatkową warstwę znaczenia, wykraczającą poza zwykłą przyjemność ze słodkiego przysmaku.

Innowacyjne przepisy: Z drugiej strony, unowocześnianie tradycyjnych przepisów pozwala dotrzeć do szerszej, bardziej zróżnicowanej bazy klientów. Dodanie unikalnych smaków, włączenie nowych nadzień lub stworzenie deserów fusion, które łączą japońskie techniki z globalnymi wpływami, może przyciągnąć klientów poszukujących różnorodności i innowacji. Włączając współczesne elementy, można zaprezentować wagashi w nowatorski sposób, czyniąc go bardziej dostępnym dla tych, którzy mogą nie być zaznajomieni z tradycyjnymi słodyczami.

Ostatecznie decyzja powinna odzwierciedlać zarówno osobistą pasję, jak i preferencje rynku docelowego. Jeśli twoja baza klientów jest bardziej skłonna do doświadczeń kulturowych i autentyczności, skup się na tradycyjnych słodyczach. Jeśli są poszukiwaczami trendów i odkrywcami żywności, wprowadź kreatywność do swojej oferty. Zrównoważona linia produktów, która zawiera zarówno tradycyjne, jak i innowacyjne słodycze, pozwoli ci zaspokoić szerszy zakres gustów i okazji.

Opracowywanie receptur: Równoważenie smaków, tekstur i prezentacji

Opracowywanie receptur to podstawa działalności. Niezbędne jest znalezienie właściwej równowagi między smakami, teksturami i prezentacją, aby stworzyć słodycze, które zachwycą klientów i zachęcą do ponownych zakupów.

Smaki: Japońskie słodycze często charakteryzują się subtelnymi i delikatnymi smakami. Podczas pracy z pastą ze słodkiej fasoli, herbatą matcha lub owocami niezbędne jest zachowanie harmonii w przepisach. Celem jest stworzenie słodyczy, które są aromatyczne, ale nie przesadnie słodkie, atrakcyjne zarówno dla tradycjonalistów, jak i nowoczesnych podniebień.

Tekstury: Tekstura japońskich słodyczy jest równie ważna jak ich smak. Miękka, gryząca konsystencja mochi, gładkość yokan lub chrupkość idealnie ugotowanego taiyaki są niezbędne do stworzenia niezapomnianego doświadczenia dla konsumenta. Eksperymentowanie z teksturami może zapewnić różnorodność i niespodziankę, ale ważne jest, aby upewnić się, że tekstury uzupełniają smaki, a nie je przyćmiewają.

Kluczową kwestią jest również prezentacja. Japońskie słodycze słyną z estetycznego wyglądu i starannego wykonania. Każdy słodycz powinien być atrakcyjny zarówno wizualnie, jak i smakowo. Atrakcyjność wizualna słodyczy jest kluczowym aspektem tożsamości marki i doświadczenia klienta, niezależnie od tego, czy tworzysz nerikiri w skomplikowane sezonowe wzory, czy ozdabiasz daifuku misternymi dekoracjami.

Aby uzyskać bardziej szczegółowe wskazówki dotyczące opracowywania przepisów, od doskonalenia kombinacji smakowych po mistrzowską prezentację, zapoznaj się z naszą nadchodzącą książką z tej serii, która będzie służyć jako kompleksowe źródło informacji. Zawiera ona szczegółowe instrukcje i wgląd w techniki i kunszt japońskich słodyczy, oferując wskazówki krok po kroku dotyczące tworzenia idealnych słodyczy.

Testowanie produktów: Uzyskiwanie opinii od przyjaciół, rodziny i grup fokusowych

Po opracowaniu receptur niezbędne jest ich przetestowanie przed wprowadzeniem na rynek. Testowanie produktów jest nieocenionym narzędziem do udoskonalania oferty i oceny zainteresowania klientów oraz potencjalnego popytu.

Następnym krokiem jest podzielenie się swoimi dziełami z przyjaciółmi i rodziną. Pierwszym krokiem jest podzielenie się swoimi dziełami z przyjaciółmi i rodziną. Ich opinie zapewnią wgląd w początkowy odbiór produktów i potencjalne obszary wymagające poprawy. Ważne jest jednak, aby zachować ostrożność podczas interpretowania tych informacji zwrotnych, ponieważ przyjaciele i rodzina mogą być nadmiernie wspierający lub niechętni do oferowania konstruktywnej krytyki. Wykorzystaj ich odpowiedzi jako punkt wyjścia do dalszych rozważań, ale nie traktuj ich jako ostatecznego słowa.

Grupy fokusowe są nieocenionym narzędziem do zbierania opinii na temat produktu. Bardziej obiektywną metodą testowania produktu jest wykorzystanie grup fokusowych. Takie grupy mogą składać się z osób z rynku docelowego, które nie są jeszcze zaznajomione z Twoją pracą. Mogą one zapewnić szczere i bezstronne opinie na temat smaku, tekstury i prezentacji. Ponadto grupy fokusowe mogą pomóc w identyfikacji trendów lub preferencji, które mogły nie być wcześniej brane pod uwagę, takich jak zaskakujące zapotrzebowanie na określone smaki lub style opakowań.

Lokalne rynki i pop-upy: Inną skuteczną metodą testowania produktów jest ich sprzedaż na lokalnych targach lub organizowanie wydarzeń typu pop-up. Miejsca te zapewniają możliwość zebrania natychmiastowych informacji zwrotnych od płacących klientów, co może być nieocenione w udoskonalaniu linii produktów. Monitorowanie, które produkty sprzedają się najszybciej, które otrzymują komplementy i jakie sugestie przekazują klienci, może pomóc w dokonaniu niezbędnych korekt receptur przed wprowadzeniem ich na większą skalę.

Integracja spostrzeżeń od przyjaciół, rodziny, grup fokusowych i rzeczywistych klientów pozwoli ci pewnie sfinalizować linię produktów, zapewniając, że twoje słodycze będą rezonować z docelowymi odbiorcami. W następnym rozdziale omówimy, jak skalować produkcję przy jednoczesnym zachowaniu jakości i spójności, które wyróżnią Twoją firmę.

Skalowanie receptur dla zysku

Po udoskonaleniu receptur i otrzymaniu pozytywnych opinii, kolejnym krokiem jest skalowanie produkcji. Proces ten obejmuje przejście od produkcji małych partii w domu do produkcji większych ilości przy jednoczesnym zachowaniu jakości i smaku, które wyróżniają Twoje słodycze.
Skalowanie receptur w celu osiągnięcia zysków wymaga zapewnienia wydajnych procesów, stosowania wysokiej jakości składników i kontrolowania kosztów.

Przejście z produkcji w domowej kuchni na większe partie

Przejście od małej, domowej kuchni do produkcji komercyjnej na większą skalę może stanowić wyzwanie, ale jest niezbędnym krokiem do rozwoju firmy. Poniższe kroki pomogą w płynnym przejściu:

Konieczne jest zmodyfikowanie receptur dla większych partii. Początkowym krokiem w skalowaniu jest modyfikacja przepisów w celu dostosowania ich do większych ilości. Nie zawsze jest to tak proste, jak zwykłe pomnożenie składników. Niektóre przepisy zachowują się inaczej w większych ilościach, więc może być konieczne przetestowanie i dostosowanie proporcji. Na przykład, niektóre składniki, takie jak drożdże lub specyficzne środki spulchniające, mogą nie być skalowane proporcjonalnie. Niezbędne jest przeprowadzenie prób z większymi partiami przed rozpoczęciem produkcji na pełną skalę, aby zagwarantować jednolitość smaku i tekstury.

Niezbędne jest utrzymanie spójnych pomiarów i procedur. Wraz ze wzrostem wielkości partii, znaczenie spójności staje się nadrzędne. Niezbędne jest stosowanie precyzyjnych pomiarów i znormalizowanych procedur, aby zagwarantować, że każda partia będzie smakować tak samo. Korzystne może być korzystanie z wag cyfrowych, narzędzi do kontroli porcji i innego sprzętu, który ułatwia precyzję przy większych ilościach. Dokumentowanie każdego etapu procesu ma zasadnicze znaczenie dla zapewnienia spójności podczas przechodzenia od produkcji na małą skalę do produkcji na większą skalę.

Modernizacja sprzętu: W zależności od skali działalności, konieczne może być zainwestowanie w sprzęt klasy komercyjnej. Większe maszyny do mieszania, piece do gotowania wsadowego, a nawet specjalistyczne maszyny do kształtowania i pakowania słodyczy mogą pomóc w bardziej wydajnej produkcji. Modernizacja sprzętu pozwala utrzymać wysoką jakość przy jednoczesnym zwiększeniu wydajności.

Pozyskiwanie składników luzem bez utraty jakości

Jednym z największych wyzwań w skalowaniu biznesu spożywczego jest pozyskiwanie wysokiej jakości składników w większych ilościach. W przypadku produkcji mniejszych partii, składniki mogły pochodzić ze specjalistycznych sklepów lub od mniejszych dostawców. Wraz ze wzrostem produkcji konieczne jest zidentyfikowanie dostawców, którzy mogą zaspokoić popyt przy jednoczesnym zachowaniu standardów jakości, które wyróżniają Twoje słodycze.

Znalezienie wiarygodnych dostawców hurtowych Przeprowadzenie badań nad dostawcami hurtowymi, którzy mogą dostarczyć niezbędne składniki przy zachowaniu wymaganych standardów jakości. Warto rozważyć dostawców specjalizujących się w wysokiej jakości składnikach używanych w tradycyjnych japońskich słodyczach, takich jak kleista mąka ryżowa, anko i matcha. Aby zapewnić stałe dostawy wysokiej jakości składników po konkurencyjnych cenach, konieczne jest budowanie silnych relacji z dostawcami. Niezbędna jest regularna ocena jakości składników luzem, aby zagwarantować, że są one zgodne z Twoimi standardami.

Kontrola jakości: Zachowanie ścisłej kontroli jakości ma ogromne znaczenie, nawet w przypadku zakupów hurtowych. Niezbędne jest przeprowadzanie regularnych kontroli jakości otrzymywanych składników, zapewniając, że spełniają one te same wysokie standardy, co w przypadku mniejszych partii. Konieczne może być również wdrożenie procedur prawidłowego przechowywania, szczególnie w odniesieniu do wrażliwych składników, takich jak ryż mochi lub pasta fasolowa, aby zapobiec psuciu się lub pogorszeniu jakości w czasie.

Zrównoważony rozwój i autentyczność: Ponieważ japońskie słodycze są zakorzenione w tradycji, autentyczność odgrywa znaczącą rolę w atrakcyjności marki. Podczas pozyskiwania składników ważne jest, aby nadać priorytet autentyczności, na przykład używając prawdziwej matchy lub tradycyjnych japońskich substancji słodzących. Niektórzy klienci cenią sobie również zrównoważony rozwój, więc pozyskiwanie składników od odpowiedzialnych, przyjaznych dla środowiska dostawców może stać się punktem sprzedaży Twojej marki.

Zarządzanie kosztami produkcji i efektywnością czasową

Rozszerzenie działalności biznesowej wiąże się z czymś więcej niż tylko zwiększeniem produkcji. Wymaga również skutecznego zarządzania kosztami i czasem w celu zapewnienia rentowności. Odnosząca sukcesy firma zachowuje równowagę między jakością a wydajnością, zapewniając zdolność do produkcji wystarczających ilości, aby zaspokoić popyt, przy jednoczesnym zachowaniu kontroli kosztów.

Zarządzanie kosztami: Wraz z rozwojem firmy rosną koszty związane ze składnikami, opakowaniami, robocizną i kosztami ogólnymi. Aby zagwarantować rentowność, konieczne jest skrupulatne obliczanie kosztów produkcji. Obejmuje to wszystkie aspekty łańcucha dostaw, od pozyskiwania składników po pakowanie i wysyłkę. Skorzystaj z rabatów na zakupy hurtowe, ale upewnij się, że jakość nie jest zagrożona. Ponadto niezbędne jest monitorowanie i rejestrowanie wszelkich odpadów i zepsucia oraz wprowadzanie zmian w recepturach i procesach produkcyjnych w celu zminimalizowania niepotrzebnych kosztów.

Koszty pracy i wydajność są kluczowymi czynnikami w każdej firmie. Wraz ze wzrostem wielkości produkcji może być konieczne zatrudnienie dodatkowego personelu. Wiąże się to z dodatkowymi kosztami, dlatego kluczowe jest zidentyfikowanie metod optymalizacji wydajności pracy.

Standaryzacja procesów i szkolenie personelu może pomóc skrócić czas produkcji i zminimalizować liczbę błędów. Korzystne może być rozważenie, które zadania można zautomatyzować lub usprawnić, takie jak wykorzystanie maszyn do powtarzalnych zadań, takich jak mieszanie lub pakowanie, przy jednoczesnym zachowaniu rzemieślniczego charakteru ostatecznych szczegółów.

Efektywność czasowa jest kluczowym aspektem skutecznego skalowania działalności. Ważne jest, aby stworzyć efektywny czasowo harmonogram produkcji, aby upewnić się, że czas poświęcony na produkcję nie jest zagrożony przez inne działania biznesowe, takie jak marketing, poszerzanie bazy klientów i zarządzanie firmą. Produkcja wsadowa, w której pojedyncza receptura lub proces są wykorzystywane do wytwarzania większych ilości produktu na raz, może pomóc skrócić czas spędzany na przełączaniu się między recepturami i procesami. Ponadto wcześniejsze przygotowanie niektórych elementów produktu, takich jak nadzienia lub ciasta, może usprawnić proces produkcji.

Znalezienie swojej niszy

Przygotowując się do rozpoczęcia działalności w branży japońskich słodyczy, ważne jest, aby zidentyfikować rynek docelowy i wyrzeźbić swoją unikalną niszę. Znajomość docelowego klienta i jego priorytetów pozwala dostosować produkty, marketing i przekaz marki, aby wyróżnić się na konkurencyjnym rynku. W tym rozdziale przeanalizujemy metody identyfikacji grupy docelowej, odróżniania słodyczy od konkurencji oraz wykorzystywania produktów sezonowych i związanych z konkretnymi wydarzeniami w celu przyciągnięcia lojalnej bazy klientów.

Identyfikacja rynku docelowego

Twój rynek docelowy będzie miał wpływ na każdy aspekt Twojej działalności, od asortymentu produktów po branding i strategię marketingową. Zidentyfikowanie docelowych klientów pozwala skupić się na aspektach, które są dla nich najważniejsze, umożliwiając tworzenie produktów i doświadczeń, które będą z nimi rezonować. Poniższe potencjalne grupy odbiorców mogą być warte rozważenia przy określaniu swojej niszy:

Koneserzy kultury to osoby, które doceniają i angażują się w doświadczenia i produkty kulturalne. Ta grupa demograficzna przywiązuje dużą wagę do autentyczności i tradycji. Odbiorcy ci są prawdopodobnie zaznajomieni z japońską kulturą i poszukują słodyczy, które odzwierciedlają tradycyjne techniki i estetykę wagashi. Koneserzy kultury będą cenić kunszt i historię stojącą za słodyczami, co czyni ich silną grupą docelową dla tych, którzy planują skupić się na autentycznych, rzemieślniczych kreacjach.

Entuzjaści deserów stanowią kluczową grupę docelową dla Twojego produktu. Odbiorcy ci mają silne powinowactwo do słodkich potraw i mogą nie być dobrze zorientowani w japońskich słodyczach, ale zawsze szukają nowych i ekscytujących opcji deserowych. Tę grupę odbiorców prawdopodobnie przyciągną wyjątkowe tekstury, smaki i prezentacja japońskich słodyczy. Jeśli zaoferujesz innowacyjne wersje tradycyjnych przepisów, takie jak mochi o smaku matcha lub nowoczesne nadzienia w taiyaki, ta grupa może stać się twoją główną bazą klientów.

Organizatorzy wydarzeń: Japońskie słodycze są często atrakcyjne wizualnie, co czyni je idealnym wyborem na specjalne wydarzenia, takie jak wesela, imprezy firmowe czy festiwale. Organizatorzy imprez i firmy cateringowe stanowią potencjalną niszę rynkową dla Twojej firmy, jeśli możesz zapewnić pięknie zapakowane, wysokiej jakości słodycze w większych ilościach. Oferowanie konfigurowalnych opcji, takich jak spersonalizowane wagashi na wesela lub sezonowe słodycze na festiwale, może być skuteczną strategią przyciągania tej grupy odbiorców.

Foodies Seeking Novelty: Foodies konsekwentnie poszukują nowych smaków i doświadczeń kulturowych. Grupa ta jest bardzo aktywna w mediach społecznościowych i lubi dzielić się swoimi kulinarnymi doświadczeniami ze swoimi obserwatorami. Opracowując nowatorskie, atrakcyjne wizualnie słodycze, które nadają się do udostępniania na Instagramie, możesz przyciągnąć uwagę entuzjastów jedzenia, którzy szukają nowych doświadczeń i chcą angażować się w swoje społeczności.

Koncentrując się na badaniach rynku, można dostosować swoje produkty i strategie marketingowe do konkretnych gustów i preferencji docelowych odbiorców. Jasne zrozumienie grupy docelowej umożliwia stworzenie tożsamości marki, która głęboko rezonuje z klientami, wspierając lojalność i poparcie dla słodyczy.

Jak odróżnić swoje słodycze od konkurencji?

Na konkurencyjnym rynku kluczowe znaczenie ma wyróżnienie swoich słodyczy na tle konkurencji. Celem różnicowania marki jest podkreślenie unikalnych atrybutów produktów i wykazanie, dlaczego klienci powinni wybierać słodycze od konkurencji. Istnieje kilka sposobów na wyróżnienie marki.

Nasze produkty są wytwarzane z najwyższą starannością i dbałością o szczegóły, co odzwierciedla nasze przywiązanie do autentyczności i rzemieślniczego kunsztu. Jeśli Twoja firma koncentruje się na tradycyjnych japońskich słodyczach, ważne jest, aby podkreślić autentyczność swoich receptur i technik. Zademonstruj swoje zaangażowanie w stosowanie najwyższej jakości, tradycyjnych składników i przekaż narrację stojącą za Twoimi słodyczami, niezależnie od tego, czy jest to rodzinny przepis przekazywany z pokolenia na pokolenie, czy też zaangażowanie w zachowanie kunsztu wagashi. Klienci, którzy cenią dziedzictwo i kunszt, będą zainteresowani autentycznością Twojej marki.

Innowacja i fuzja: Jeśli opracowujesz nowe smaki, tekstury lub prezentacje, upewnij się, że są one kluczowe dla tożsamości Twojej marki. Zademonstruj, w jaki sposób łączysz tradycyjne japońskie słodycze ze współczesnymi lub globalnymi wpływami, aby stworzyć wyróżniający się i atrakcyjny produkt. Na przykład, można rozważyć oferowanie lodów mochi w odważnych, nieoczekiwanych smakach lub taiyaki z kreatywnymi nadzieniami, takimi jak sernik matcha lub owoce tropikalne. Pozycjonując się jako nowoczesny innowator w świecie japońskich słodyczy, możesz przyciągnąć klientów z apetytem na nowe doświadczenia.

Personalizacja i dostosowanie są kluczowymi elementami w nowoczesnym krajobrazie biznesowym. Innym sposobem na zróżnicowanie jest dostarczanie spersonalizowanych lub konfigurowalnych słodyczy. Może to być tak proste, jak oferowanie klientom opcji wyboru preferowanych nadzień lub kolorów, lub tak skomplikowane, jak tworzenie projektów na zamówienie na specjalne okazje, takie jak wesela lub imprezy firmowe. Personalizacja dodaje warstwę ekskluzywności, sprawiając, że słodycze czują się bardziej wyjątkowe i dostosowane do indywidualnych klientów.

Zrównoważony rozwój i etyka: Coraz większa liczba konsumentów preferuje produkty, które są zgodne z ich wartościami, szczególnie w zakresie zrównoważonego rozwoju i etycznego pozyskiwania składników. Jeśli Twoja firma priorytetowo traktuje praktyki przyjazne dla środowiska, wykorzystuje organiczne lub lokalnie pozyskiwane składniki lub koncentruje się na ograniczaniu ilości odpadów, ważne jest, aby upewnić się, że znajduje to odzwierciedlenie w przekazie Twojej marki. Klienci, dla których priorytetem jest zrównoważony rozwój, docenią możliwość wspierania firmy, która jest zgodna z ich wartościami.

Podkreślając charakterystyczne cechy swoich słodyczy, możesz opracować atrakcyjną narrację marki, która rezonuje z docelowymi odbiorcami i odróżnia Twoją firmę od konkurencji.

Słodycze sezonowe i związane z konkretnymi wydarzeniami w celu przyciągnięcia niszowych odbiorców

Jedną z kluczowych zalet japońskich słodyczy jest ich ścisły związek z naturą i porami roku. Wagashi często odzwierciedla zmiany sezonowe, z określonymi składnikami i wzorami dostosowanymi do pory roku. Oferowanie słodyczy sezonowych lub związanych z konkretnymi wydarzeniami może pomóc w dotarciu do niszowych rynków i utrzymaniu świeżego i ekscytującego asortymentu produktów.

Słodycze sezonowe: W Japonii wyroby cukiernicze często podlegają sezonowym zmianom. Na przykład sakura mochi, różowe mochi o smaku kwiatu wiśni zawinięte w solony liść wiśni, jest popularnym przysmakiem sezonowym na wiosnę. Jesienią w centrum uwagi znajduje się wagashi o smaku kasztanowym. Opracowując produkty sezonowe, można utrzymać zaangażowanie klientów przez cały rok, zapewniając im powód do regularnych powrotów w celu wypróbowania najnowszych ofert. Co więcej, motywy sezonowe mogą zwiększyć atrakcyjność wizualną gamy produktów, a każdy słodycz odzwierciedla kolory i obrazy sezonu.

Słodycze związane z festiwalami i wydarzeniami: Japońska kultura jest bogata w festiwale, a wiele słodyczy jest z nimi związanych. Na przykład, kashiwa mochi jest tradycyjnie spożywane podczas Dnia Dziecka, a taiyaki jest często sprzedawane podczas letnich festiwali. Możesz tworzyć specjalne produkty, aby dopasować je do świąt i wydarzeń kulturalnych w Twoim regionie, takich jak oferowanie słodyczy o tematyce kwiatu wiśni na wiosenne festiwale lub słodyczy o tematyce księżyca na obchody połowy jesieni.

Specjalne okazje stanowią znaczącą szansę rynkową dla firm cukierniczych. Dostarczanie spersonalizowanych słodyczy na specjalne okazje, takie jak wesela, urodziny lub imprezy firmowe, może być skuteczną strategią dostępu do rynku eventowego. Mogą to być spersonalizowane wagashi z imionami lub logo, pięknie zapakowane daifuku do pudełek prezentowych lub eleganckie nerikiri na ekskluzywne uroczystości. Ważne jest, aby oferować produkty, które nie tylko smakują niesamowicie, ale także tworzą niezapomniane wrażenia dla klientów podczas ich wydarzeń.

Włączając sezonowe i specyficzne dla danego wydarzenia słodycze do swojej linii produktów, można utrzymać dynamiczną i odpowiednią gamę produktów, przyciągając klientów, którzy szukają czegoś specjalnego na konkretną okazję.

Budowanie tożsamości marki

Silna tożsamość marki jest potężnym narzędziem do wyróżnienia firmy na rynku. Nie jest to tylko kwestia nazwy lub logo; chodzi raczej o przekazanie narracji, nawiązanie emocjonalnej więzi i wywołanie reakcji klientów, gdy doświadczają twoich produktów. Niniejszy rozdział zawiera wskazówki, jak stworzyć atrakcyjną historię marki, wybrać charakterystyczną nazwę i logo, zaprojektować opakowanie odzwierciedlające tożsamość marki oraz stworzyć solidną obecność w mediach społecznościowych, aby zaangażować odbiorców docelowych.

Następnym krokiem jest stworzenie historii marki. Ważne jest, aby zrozumieć cel swojej marki i emocjonalną więź, którą chcesz stworzyć. Historia marki jest fundamentem działalności. Wyjaśnia nie tylko świadczone usługi, ale także powody, dla których klienci powinni angażować się w markę. Atrakcyjna historia powinna przekazywać pasję do japońskich słodyczy, inspirację stojącą za Twoją firmą i wartości, które napędzają Twoją pracę.

Jaki jest cel Twojej marki? Zastanów się nad czynnikami, które zmotywowały Cię do podjęcia tego przedsięwzięcia. Czy to pasja do kunsztu wagashi zainspirowała Cię do rozpoczęcia tej działalności? Czy Twoim celem jest zapoznanie innych z bogatą kulturą stojącą za japońskimi słodyczami? Może chodzić o połączenie ludzi z czymś głębszym, takim jak tradycja lub świętowanie małych, pięknych chwil. Twoje uzasadnienie powinno być przejrzyste i autentyczne. To jest to, co będzie rezonować z klientami na poziomie emocjonalnym.

Tworzenie połączeń emocjonalnych: Nie jest to po prostu kwestia zakupu produktu; klienci starają się raczej zaangażować w narracje i uczucia z nim związane. Być może twoje słodycze wywołują nostalgię u kogoś, kto podróżował do Japonii, lub tworzą chwilę piękna i spokoju w czyimś gorączkowym dniu. Pokazując, w jaki sposób Twoje produkty są zgodne ze stylem życia klientów, czy to poprzez tradycję, wygodę, czy wspólne doświadczenie kulturowe, wspierasz lojalność i więzi. Twoja narracja powinna sprawić, że klienci poczują się częścią czegoś wyjątkowego.

Tworząc historię marki, zachowaj osobisty i zrozumiały ton. Podziel się swoją podróżą, wyzwaniami i aspiracjami. Prawdziwa narracja wzmacnia więź między Tobą a Twoimi klientami.

Nadawanie nazwy marce i projektowanie zapadającego w pamięć logo

Nazwa i logo marki są często pierwszymi rzeczami, które ludzie zauważają. Dlatego też powinny one zapadać w pamięć, odzwierciedlać wartości i być zgodne z rynkiem docelowym. Wybór odpowiedniej nazwy i logo jest istotnym aspektem rozwijania tożsamości marki, która pozostawi trwałe wrażenie na potencjalnych klientach.

Nazewnictwo marki jest kluczowym krokiem w procesie ustanawiania tożsamości marki, która będzie rezonować z docelowymi odbiorcami. Wybierając nazwę, należy rozważyć, w jaki sposób jest ona zgodna z narracją i podstawowymi wartościami marki. Możesz wybrać nazwę, która odzwierciedla istotę japońskiej kultury, piękno twoich produktów lub rzemiosło, które za nimi stoi. Wskazane jest, aby rozważyć nazwy, które są proste, łatwe do wymówienia i znaczące. Nazwa marki powinna odzwierciedlać istotę firmy i to, co czyni ją wyjątkową. Może być inspirowana japońskim słowem, które ma znaczenie, frazą, która oddaje twoją misję lub czymś zupełnie wyjątkowym.

Projektowanie zapadającego w pamięć logo: Logo jest wizualną reprezentacją marki. Logo powinno być czyste, uniwersalne i łatwo rozpoznawalne. Rozważ włączenie elementów, które odzwierciedlają estetykę Twojego produktu, takich jak tradycyjne japońskie motywy, projekty inspirowane naturą lub minimalistyczna elegancja. Logo nie musi być zbyt skomplikowane. W rzeczywistości proste projekty mogą być często najbardziej skuteczne, zwłaszcza gdy wyraźnie przekazują istotę marki. Wybór kolorów, typografia i ikonografia odgrywają rolę w komunikowaniu tożsamości i wartości marki. Dlatego ważne jest, aby starannie wybrać te elementy, aby zapewnić spójność na wszystkich platformach.

Po ustaleniu nazwy i logo należy upewnić się, że można je dostosować do różnych mediów, niezależnie od tego, czy jest to opakowanie, media społecznościowe czy strona internetowa. Konsekwencja w używaniu nazwy i logo pomoże wzmocnić tożsamość marki i sprawi, że będzie ona bardziej rozpoznawalna.

Opakowanie: Jak sprawić, by słodycze były atrakcyjne wizualnie i zgodne z tożsamością marki?

W świecie słodyczy prezentacja ma ogromne znaczenie. Opakowanie jest przedłużeniem marki i oferuje kluczową szansę na wywarcie trwałego wrażenia na klientach. Opakowanie służy dwóm celom: chroni produkt i komunikuje wartości i historię marki.

Dostosowanie do tożsamości marki: Opakowanie powinno odzwierciedlać estetykę marki, niezależnie od tego, czy jest ona tradycyjna, nowoczesna, minimalistyczna czy kapryśna. Jeśli Twoja marka koncentruje się na kunszcie japońskich słodyczy, Twoje opakowanie może zawierać wyrafinowane projekty ze skomplikowanymi wzorami. Jeśli celem jest pozycjonowanie słodyczy jako nowoczesnych i innowacyjnych, bardziej odpowiednim wyborem może być elegancki, minimalistyczny design. Użyte kolory, czcionki i obrazy powinny być spójne z resztą marki, aby stworzyć jednolite doświadczenie.

Zrównoważony rozwój i funkcjonalność to kluczowe kwestie w projektowaniu opakowań. Wielu konsumentów zwraca dziś uwagę na zrównoważony rozwój, dlatego warto rozważyć zastosowanie w opakowaniach materiałów przyjaznych dla środowiska. Wykorzystanie materiałów nadających się do recyklingu lub biodegradowalnych jest nie tylko atrakcyjne dla klientów dbających o środowisko, ale także wpisuje się w szerszy trend zrównoważonego rozwoju. Ważne jest również, aby opakowanie było funkcjonalne.

Powinno być łatwe do otwarcia, wystarczająco bezpieczne, aby chronić słodycze podczas transportu i zaprojektowane tak, aby zachować świeżość produktu.

Atrakcyjność wizualna: Biorąc pod uwagę znaczenie atrakcyjności wizualnej japońskich słodyczy, opakowanie powinno uzupełniać estetykę samych słodyczy. Przezroczyste okienka prezentujące misternie zaprojektowane słodycze lub unikalne kształty i tekstury opakowania mogą poprawić wrażenia klientów. Świetne opakowanie zachęca ludzi do robienia zdjęć i udostępniania produktów w mediach społecznościowych, generując szum i przyciągając nowych klientów.

Konfigurowanie obecności w mediach społecznościowych, która odzwierciedla Twoją markę (Instagram, Pinterest itp.)

W dzisiejszym cyfrowym świecie solidna obecność w mediach społecznościowych jest koniecznością dla każdej marki. Platformy takie jak Instagram i Pinterest są idealne do prezentowania atrakcyjności wizualnej produktów i angażowania klientów. Ten przewodnik pokaże Ci, jak stworzyć obecność w mediach społecznościowych, która odzwierciedla tożsamość Twojej marki i pomaga budować lojalnych fanów.

Wybór odpowiednich platform: Instagram i Pinterest to wysoce wizualne platformy, które doskonale nadają się do prezentowania kunsztu japońskich słodyczy. Instagram to doskonała platforma do udostępniania zdjęć, historii i treści zza kulis. Pinterest jest idealny do udostępniania inspirujących wizualnie obrazów i przepisów, które mogą przyciągnąć ruch do Twojej witryny lub sklepu. Ponadto, w zależności od rynku docelowego, warto rozważyć eksplorację TikTok w celu tworzenia krótkich, angażujących filmów lub Facebooka w celu budowania społeczności.

Ważne jest, aby upewnić się, że obecność w mediach społecznościowych ma spójną estetykę. Ważne jest, aby strony w mediach społecznościowych odzwierciedlały tę samą tożsamość marki, co opakowanie i logo. Ważne jest, aby zachować spójny styl wizualny we wszystkich postach w mediach społecznościowych, w tym kolory, filtry i elementy projektu. Wysokiej jakości zdjęcia są niezbędne do zaprezentowania skomplikowanych szczegółów produktów i wywołania emocji związanych z marką. Estetyka marki powinna odzwierciedlać jej historię, niezależnie od tego, czy jest to minimalistyczna elegancja, czy kolorowa zabawa.

Angażowanie odbiorców: Należy pamiętać, że media społecznościowe to nie tylko platforma do publikowania atrakcyjnych wizualnie treści. Jest to również nieocenione narzędzie do rozwijania kontaktów i budowania bazy lojalnych klientów. Kontaktuj się ze swoimi obserwatorami, odpowiadając na komentarze, pytania i zachęcając ich do dzielenia się swoimi doświadczeniami ze słodyczami. Korzystaj z Instagram Stories, aby pokazywać treści zza kulis, takie jak sposób produkcji słodyczy, proces twórczy lub dbałość o pakowanie zamówień. Organizuj prezenty, publikuj opinie klientów i twórz interaktywne treści, takie jak ankiety, aby zwiększyć zaangażowanie.

Współpraca z influencerami: Współpraca z influencerami lub blogerami zajmującymi się żywnością, kulturą lub stylem życia może pomóc dotrzeć do szerszego grona odbiorców i poszerzyć bazę klientów. Zidentyfikuj influencerów, których wartości są zbieżne z Twoją marką i którzy są szczerze zainteresowani japońskimi słodyczami lub rzemieślniczą żywnością. Współpraca ta może przybliżyć Twoje produkty nowym klientom i zbudować wiarygodność poprzez marketing szeptany.

Tworząc spójną, autentyczną historię marki i łącząc się z odbiorcami poprzez angażujące treści w mediach społecznościowych, zbudujesz tożsamość marki, która będzie głęboko rezonować z klientami.

Badanie rynku dla sukcesu

Przed uruchomieniem działalności związanej z japońskimi słodyczami, kluczowe jest przeprowadzenie kompleksowych badań rynkowych w celu uzyskania wglądu w potencjalnych klientów, konkurencyjny krajobraz i rentowność produktów na rynku. Badania rynku dostarczają nieocenionych informacji, które można wykorzystać do optymalizacji oferty produktów, cen i strategii marketingowych. W tym rozdziale przeanalizowane zostaną metody badania popytu rynkowego, analizy konkurencji i zbierania informacji zwrotnych od potencjalnych klientów w celu udoskonalenia podejścia biznesowego.

Niezbędne jest zbadanie popytu rynkowego na japońskie słodycze w danym regionie lub w Internecie w celu określenia rentowności pomysłu biznesowego i ustalenia optymalnego pozycjonowania produktu. Istnieje kilka metod oceny popytu rynkowego.

Ważne jest, aby ustalić poziom lokalnego popytu na produkt. Pierwszym krokiem jest zbadanie poziomu znajomości japońskich słodyczy wśród osób w obszarze docelowym. Korzystne byłoby ustalenie, czy w okolicy znajdują się restauracje, kawiarnie lub sklepy specjalistyczne, które już oferują wagashi lub pokrewne słodycze. Przydatnym pierwszym krokiem jest odwiedzenie lokalnych azjatyckich sklepów spożywczych, piekarni lub sklepów z deserami, aby uzyskać wgląd w rodzaje słodyczy, które są obecnie dostępne. Jeśli japońskie słodycze nie są obecnie reprezentowane, może to wskazywać na potencjalną możliwość wprowadzenia ich do nowej grupy odbiorców. Jeśli produkt jest już popularny, konieczne będzie rozważenie sposobu zróżnicowania oferty.

Ponadto korzystne byłoby rozważenie lokalnych wydarzeń kulturalnych, festiwali lub rynków, na których może istnieć popyt na autentyczne lub nowe słodycze. Festiwale żywności, targi rolnicze i targi sezonowe mogą być doskonałym sposobem na ocenę zainteresowania konsumentów i testowanie reakcji rynku na Twoje produkty.

Popyt online na nasze produkty szybko rośnie. Rozszerzając badania na rynek online, można dotrzeć do większej i bardziej zróżnicowanej grupy odbiorców. Google Trends to cenne narzędzie do oceny liczby wyszukiwań określonych japońskich słodyczy, wskazujące zainteresowanie w czasie i w poszczególnych regionach. Ponadto rynki internetowe, takie jak Etsy, Shopify i Amazon, mogą być wykorzystane do uzyskania wglądu w wydajność podobnych produktów. Opinie i oceny klientów mogą zapewnić cenny wgląd w preferencje konsumentów oraz postrzeganie mocnych i słabych stron produktów.

Platformy mediów społecznościowych, takie jak Instagram i Pinterest, mogą być również przydatne do oceny popytu. Monitorując hashtagi związane z japońskimi słodyczami, takie jak #wagashi, #mochi i #dorayaki, można uzyskać wgląd w poziom zaangażowania i zainteresowania, jakie generują te rodzaje słodyczy. Może to pomóc w identyfikacji aktualnych trendów i preferencji konsumentów.

Analiza konkurentów i identyfikacja tego, co możesz zaoferować, a czego oni nie oferują

Aby skutecznie pozycjonować swoją firmę, musisz wiedzieć, kim są Twoi konkurenci i co oferują. Pomaga to zidentyfikować luki na rynku, które można wypełnić swoimi produktami. Oto jak analizować konkurentów i znaleźć sposoby na wyróżnienie swojej marki:

Bezpośredni konkurenci: Zacznij od zidentyfikowania bezpośrednich konkurentów, którzy już sprzedają japońskie słodycze lokalnie lub online. Odwiedź ich strony internetowe, strony w mediach społecznościowych lub fizyczne lokalizacje, aby ocenić ich ofertę. Zwróć uwagę na ich linie produktów, ceny, opakowania, branding i taktyki marketingowe. Czy koncentrują się na tradycyjnych japońskich słodyczach, czy też eksperymentują z nowoczesnymi lub fusion odmianami? Zrozumienie ich pozycji pomoże ci określić, w jaki sposób twoja marka może się wyróżnić.

Czego brakuje? Po przeanalizowaniu konkurencji zastanów się, czego może im brakować lub co możesz zrobić lepiej. Na przykład, czy istnieją smaki lub rodzaje słodyczy, których nie oferują, a które można by wprowadzić? Czy ich opakowaniom brakuje kreatywności lub zrównoważonego rozwoju? Czy mają ograniczoną obecność w mediach społecznościowych, co może dać ci przewagę, jeśli skupisz się na zaangażowaniu online? Poszukaj sposobów na wprowadzenie innowacji lub ulepszenie tego, co już istnieje.

<u>Niektóre potencjalne obszary różnicowania mogą obejmować</u>

Oferowanie sezonowych lub limitowanych słodyczy, których nie mają konkurenci.

Tworzenie fuzji japońskich i lokalnych smaków.

Skupienie się na wysokiej klasy, rzemieślniczych opakowaniach, które można wykorzystać na prezenty lub specjalne okazje.

Dostosowanie do określonych preferencji żywieniowych (np. wegańskie, bezglutenowe, o niskiej zawartości cukru).

Świadczenie usługi subskrypcji dla stałych klientów lub tworzenie spersonalizowanych słodkich pudełek na imprezy.

Pozycjonowanie marki: Po zidentyfikowaniu luk na rynku zastanów się, jak możesz pozycjonować swoją markę, aby wypełnić te luki. Czy skupiasz się na autentycznych, tradycyjnych słodyczach, które podkreślają japoński kunszt? A może jesteś nowoczesną, innowacyjną marką oferującą zabawne smaki i desery godne Instagrama? Pozycjonowanie marki powinno wyraźnie odzwierciedlać to, co odróżnia ją od konkurencji.

Badanie potencjalnych klientów: Gromadzenie danych w celu udoskonalenia produktów i podejścia

Zrozumienie preferencji i oczekiwań potencjalnych klientów ma kluczowe znaczenie dla tworzenia produktów, które będą z nimi współgrać. Przeprowadzanie ankiet lub zbieranie opinii może pomóc w udoskonaleniu oferty i dostosowaniu strategii biznesowej w oparciu o rzeczywiste dane. Oto jak skutecznie ankietować potencjalnych klientów:

Tworzenie ankiet: Użyj ankiet, aby zadać konkretne pytania dotyczące preferencji potencjalnych klientów, takie jak:

Czy znają japońskie słodycze?

Jaki rodzaj słodyczy zazwyczaj lubią (tradycyjne, innowacyjne lub fusion)?

Czy są zainteresowani próbowaniem nowych smaków, czy trzymaniem się tych dobrze znanych?

Co skłoniłoby ich do zakupu japońskich słodyczy (np. na specjalne okazje, jako prezenty lub dla własnej przyjemności)?

Ile są skłonni wydać na wysokiej jakości słodycze rzemieślnicze?

W jaki sposób wolą robić zakupy (w sklepie, online, na targach)?

Możesz użyć narzędzi online, takich jak Formularze Google, SurveyMonkey lub Typeform, aby tworzyć i rozpowszechniać ankiety za pośrednictwem poczty elektronicznej, mediów społecznościowych lub lokalnych grup internetowych. Zaoferowanie niewielkiej zachęty, takiej jak zniżka lub wejście do konkursu, może zachęcić ludzi do udziału.

Grupy fokusowe: Jeśli chcesz uzyskać bardziej dogłębne informacje zwrotne, rozważ zorganizowanie małych grup fokusowych. Zaproś osoby z docelowej grupy demograficznej, aby spróbowały Twoich słodyczy i przekazały Ci bezpośrednie opinie. Może to zapewnić cenny wgląd nie tylko w smak produktów, ale także w to, jak są one postrzegane pod względem opakowania, prezentacji i cen.

Informacje zwrotne z wczesnej sprzedaży: Jeśli już zacząłeś sprzedawać w małych ilościach na lokalnych targach lub wydarzeniach, skorzystaj z okazji, aby zebrać opinie od prawdziwych klientów. Zapytaj ich, co im się podobało w twoich słodyczach i czy jest coś, co chcieliby poprawić. Angażowanie klientów bezpośrednio podczas wydarzeń lub za pośrednictwem wiadomości e-mail może dostarczyć przydatnych informacji, które pomogą Ci udoskonalić ofertę.

Ankiety i interakcje w mediach społecznościowych: Platformy mediów społecznościowych, zwłaszcza Instagram i Facebook, oferują narzędzia do zbierania opinii w nieformalny, szybki sposób. Wykorzystaj ankiety, quizy lub pytania w swoich Instagram Stories, aby zaangażować obserwujących i uzyskać ich opinie na temat nowych smaków, projektów opakowań lub pomysłów na produkty. Informacje zwrotne w czasie rzeczywistym mogą pomóc w podejmowaniu decyzji, które trafią do odbiorców.

Łącząc ankiety, grupy fokusowe i wczesne informacje zwrotne na temat sprzedaży, zbierzesz dane potrzebne do udoskonalenia oferty produktów, dostosowania strategii marketingowych i upewnienia się, że japońskie słodycze są zgodne z pragnieniami rynku docelowego.

Początki na małą skalę: sprzedaż lokalna

Dla tych, którzy chcą rozpocząć działalność związaną z japońskimi słodyczami, rozpoczęcie na skalę lokalną oferuje kilka korzyści. Sprzedaż lokalna pozwala przetestować produkty, zbudować bazę lojalnych klientów i zdobyć bezcenne praktyczne doświadczenie przed dalszą ekspansją. W tym rozdziale przeanalizowane zostaną różne metody sprzedaży na lokalnych rynkach i wydarzeniach, nawiązywanie partnerstw z lokalnymi firmami, opracowywanie skutecznych strategii cenowych oraz wdrażanie systemów zamówień i dostaw.

Jak rozpocząć sprzedaż: Lokalne rynki, pop-upy, wydarzenia lub biznes domowy

Praktycznym i opłacalnym sposobem na zaprezentowanie swoich japońskich słodyczy potencjalnym klientom jest rozpoczęcie działalności w lokalnej społeczności. Istnieje wiele możliwości, które warto zbadać.

Lokalne rynki: Targi rolnicze i rzemieślnicze stanowią doskonałą okazję dla firm do zdobycia przyczółka na rynku. Wydarzenia te przyciągają klientów poszukujących wyróżniających się, ręcznie robionych produktów, co czyni je optymalnym miejscem do zaprezentowania swoich japońskich słodyczy. Istnieje możliwość wynajęcia stoiska, zaprezentowania swoich produktów w atrakcyjny sposób i bezpośredniej interakcji z klientami w celu uzyskania natychmiastowej informacji zwrotnej. Udział w targach to skuteczny sposób na zwiększenie świadomości marki, zaprezentowanie swoich produktów i nawiązanie osobistego kontaktu ze społecznością.

Wydarzenia typu pop-up to doskonały sposób na wzbudzenie zainteresowania swoją firmą i uzyskanie cennych informacji zwrotnych od klientów. Wydarzenia typu pop-up oferują elastyczność i możliwość testowania różnych lokalizacji, co może być korzystne dla firm, które chcą uzyskać wgląd i przetestować reakcje rynku na swoje produkty. Korzystna może być współpraca z lokalnymi firmami, takimi jak kawiarnie lub butiki, w celu oferowania słodyczy przez ograniczony czas. Takie podejście generuje emocje i pozwala na eksperymentowanie z różnymi grupami demograficznymi klientów. Pop-upy są również doskonałą okazją do współpracy z innymi lokalnymi sprzedawcami, zwiększając zasięg i wzajemnie promując swoje produkty.

Festiwale kultury i żywności: Japońskie słodycze, zwłaszcza wagashi, są doskonałym wyborem na wydarzenia celebrujące jedzenie, kulturę lub sztukę ze względu na ich silne powiązania kulturowe. Udział w lokalnych japońskich festiwalach, uroczystościach kulturalnych lub imprezach food truckowych może ułatwić nawiązanie kontaktów z publicznością już zainteresowaną tradycyjną i rzemieślniczą żywnością. Oferowanie sezonowych słodyczy, które są zgodne z tematem wydarzenia, może również zwiększyć sprzedaż.

Biznes w domu: Jeśli rozpoczęcie działalności na targach lub w pop-upach wydaje się przytłaczające, warto rozważyć rozpoczęcie działalności w domu. Ten model pozwala sprzedawać bezpośrednio znajomym, rodzinie i sąsiadom, jednocześnie doskonaląc swoje przepisy i procesy. Możesz oferować zamówienia w przedsprzedaży, budować listę klientów i zarządzać zamówieniami za pośrednictwem prostej strony internetowej lub platform mediów społecznościowych. W miarę rozwoju możesz stopniowo rozszerzać działalność na większe obiekty.

Budowanie relacji z lokalnymi kawiarniami, restauracjami i sklepami specjalistycznymi

Nawiązywanie strategicznych partnerstw z lokalnymi firmami to skuteczny sposób na zwiększenie zasięgu bez otwierania fizycznego sklepu. Wiele kawiarni, restauracji i specjalistycznych sklepów spożywczych jest zainteresowanych oferowaniem unikalnych, wysokiej jakości produktów, takich jak japońskie słodycze.

Kontakt z lokalnymi kawiarniami i restauracjami: Kawiarnie często starają się poszerzyć swoją ofertę o świeże, innowacyjne desery, które mogą być podawane wraz z napojami. Skontaktuj się z lokalnymi właścicielami kawiarni i zaproponuj swoje słodycze jako ekskluzywny dodatek do ich menu. Zaleca się dostarczenie próbek, aby potencjalni klienci mogli spróbować i doświadczyć jakości produktów z pierwszej ręki. Współpracując z kawiarniami, możesz stworzyć niezawodny strumień przychodów, jednocześnie oferując ich klientom wyróżniający się produkt do kawy lub herbaty.

Współpraca ze specjalistycznymi sklepami spożywczymi: Wiele butikowych sklepów spożywczych i sklepów z żywnością dla smakoszy koncentruje się na zaopatrzeniu w towary rzemieślnicze i produkowane lokalnie. Warto skontaktować się z takimi sklepami i zaproponować im sprzedaż swoich słodyczy jako oferty premium. Sklepy specjalistyczne często przyciągają klientów poszukujących unikalnych lub kulturowo znaczących produktów, co czyni je idealnym partnerem dla japońskiej branży słodyczy. Dodatkowo, oferowanie limitowanych lub sezonowych słodyczy może generować emocje i zachęcać klientów do lojalności.

Wzajemne promocje: Budowanie relacji z lokalnymi firmami pozwala na wzajemną promocję. Na przykład, herbaciarnia może promować twoje mochi w połączeniu z ich tradycyjnymi herbatami lub restauracja może zaprezentować twoje dorayaki jako część specjalnej oferty deserów. Taka współpraca przynosi korzyści obu firmom, docierając do nowych klientów i zwiększając wiarygodność marki.

Strategie cenowe: Jak wyceniać słodycze, aby zapewnić zysk przy zachowaniu konkurencyjności?

Prawidłowa wycena słodyczy jest niezbędna do przyciągnięcia klientów i zapewnienia rentowności. Niezbędne jest znalezienie równowagi między pokryciem kosztów a oferowaniem konkurencyjnych i atrakcyjnych cen na rynku docelowym.

Niezbędne jest obliczenie kosztów w celu określenia strategii cenowej, która będzie najbardziej opłacalna dla Twojej firmy. Pierwszym krokiem jest obliczenie wszystkich kosztów związanych z produkcją każdego słodkiego produktu. Obejmuje to składniki, opakowania, robociznę i wszelkie koszty ogólne, takie jak wynajem kuchni lub sprzętu. Ważne jest, aby w obliczeniach uwzględnić czas poświęcony na przygotowanie każdej partii słodyczy. Suma tych kosztów określi koszt jednostkowy każdego cukierka.

Określenie pożądanej marży zysku. Po określeniu kosztu jednostkowego należy ustalić marżę zysku. Marża zysku będzie zależeć od ekskluzywności produktu i gotowości rynku do zapłaty. W przypadku produktów rzemieślniczych lub wytwarzanych ręcznie, wyższa marża zysku jest często uznawana za akceptowalną. Ważne jest znalezienie równowagi między rentownością a atrakcyjnością dla klientów. Ceny powinny być ustalone tak, aby potencjalni klienci nie byli zniechęceni kosztami.

Przed ustaleniem cen konieczne jest przeprowadzenie dokładnej analizy rynku i konkurencji. Zaleca się zbadanie cen podobnych produktów w okolicy lub w Internecie, aby upewnić się, że ceny są konkurencyjne. Na przykład, jeśli lokalne piekarnie pobierają od 3 do 5 USD za specjalny deser, ceny powinny mieścić się w tym przedziale, chyba że produkt jest produktem premium. Jeśli twoje słodycze są pozycjonowane jako wysokiej klasy lub ekskluzywne, wyższe ceny mogą być uzasadnione, ale muszą być poparte jakością i prezentacją.

Rozważ oferowanie rabatów ilościowych. Mogą one zachęcić klientów do kupowania większych ilości, co pomaga zwiększyć sprzedaż. Na przykład, pojedyncze mochi może kosztować 3 USD, ale pudełko z sześcioma może być wycenione na 16 USD, zachęcając do zakupów hurtowych. Zniżki te są szczególnie skuteczne w przypadku wydarzeń, prezentów lub zamówień cateringowych.

Konfigurowanie systemów przyjmowania zamówień i dostaw

Wydajne systemy przyjmowania zamówień i dostarczania produktów są niezbędne do zarządzania rozwijającym się biznesem, zwłaszcza jeśli planujesz sprzedaż w modelu domowym lub online.

Proces przyjmowania zamówień wygląda następująco: Opracuj proste, przyjazne dla użytkownika metody składania zamówień przez klientów. Może to być tak proste, jak skonfigurowanie formularza Google połączonego z profilami w mediach społecznościowych lub stworzenie podstawowej strony internetowej z funkcją e-commerce. Dla tych, którzy dopiero zaczynają, przyjmowanie zamówień za pośrednictwem bezpośrednich wiadomości na Instagramie lub Facebooku może być skuteczną metodą, pod warunkiem, że proces jest zorganizowany. W miarę rozwoju firmy korzystne może być korzystanie z systemu zarządzania zamówieniami, takiego jak Shopify lub Squarespace, w celu zwiększenia wydajności i usprawnienia operacji.

Ważne jest, aby rozważyć opcje dostawy i odbioru dla klientów. Zapewnienie wygodnych opcji dostawy i odbioru ma zasadnicze znaczenie dla utrzymania zadowolenia klientów. Jeśli Twoja firma działa lokalnie, możesz rozważyć zaoferowanie takiej opcji:

- Dostępny jest odbiór lokalny. Zaleca się ustalenie konkretnych godzin odbioru na targach lub w lokalizacjach pop-up.
- Dostawa do domu: Jeśli dostarczasz słodycze lokalnie, ważne jest, aby mieć jasno określony promień dostawy i z wyprzedzeniem informować klientów o wszelkich związanych z tym opłatach.
- Zewnętrzne usługi dostawcze: Współpraca z lokalnymi usługami dostawczymi lub platformami, takimi jak UberEats, DoorDash lub Postmates, może być korzystna

dla zwiększenia zasięgu. Chociaż usługi te pobierają prowizję, mogą znacznie zwiększyć widoczność i sprzedaż.

Zarządzanie zamówieniami w przedsprzedaży i zapasami: Jeśli produkujesz słodycze w małych partiach, ważne jest, aby ostrożnie zarządzać zapasami, aby uniknąć nadprodukcji lub marnotrawstwa. Przyjmowanie zamówień w przedsprzedaży na określone daty odbioru lub dostawy może pomóc w ocenie popytu i odpowiednim zaplanowaniu harmonogramu produkcji. Oferowanie ograniczonych ilości lub przedsprzedaży może również stworzyć poczucie pilności, zachęcając klientów do wcześniejszego składania zamówień.

Potęga mediów społecznościowych i influencerów

W dzisiejszej erze cyfrowej media społecznościowe stanowią jedno z najpotężniejszych narzędzi do budowania marki, szczególnie w przypadku firm opartych na żywności, takich jak Twoja. Atrakcyjne wizualnie projekty i bogactwo kulturowe japońskich słodyczy sprawiają, że idealnie nadają się one do wizualnego opowiadania historii na platformach społecznościowych, takich jak Instagram i TikTok. W tym rozdziale zbadamy, jak skutecznie wykorzystywać media społecznościowe do kultywowania lojalnych fanów, współpracy z influencerami w celu zwiększenia świadomości marki, wdrażania działań promocyjnych w celu zaangażowania klientów oraz wykorzystywania bezpośrednich interakcji z klientami w celu rozwijania silnych relacji.

Instagram i TikTok: Jak wykorzystać wizualizacje i opowiadanie historii, aby zbudować lojalnych obserwujących?

Instagram i TikTok to dwie najskuteczniejsze platformy dla firm z branży spożywczej, oferujące wyjątkową okazję do zaprezentowania japońskich słodyczy w angażujący wizualnie i interaktywny sposób. Obie platformy szczególnie sprzyjają atrakcyjnym wizualnie treściom, a japońskie słodycze, ze swoimi skomplikowanymi wzorami i znaczeniem kulturowym, idealnie nadają się do wizualnie angażujących wizualizacji.

Instagram to idealna platforma do prezentowania japońskich słodyczy w angażujący wizualnie i interaktywny sposób. Na Instagramie nacisk kładziony jest na wysokiej jakości wizualizacje i spójną tożsamość marki. Skorzystaj z tej platformy, aby stworzyć spójny wizualnie kanał, który odzwierciedla istotę Twojej marki. Ważne jest, aby skupić się na pokazaniu skomplikowanego piękna swoich słodyczy poprzez dobrze skomponowane zdjęcia, filmy i historie. Aby zoptymalizować korzystanie z Instagrama, postępuj zgodnie z poniższymi wskazówkami:

Treści wyświetlane na Twoim kanale na Instagramie powinny być starannie wyselekcjonowane, aby były zgodne z tożsamością Twojej marki i celami marketingowymi. Udostępniaj zdjęcia swoich słodyczy, które prezentują ich kolory, tekstury i walory artystyczne w atrakcyjny sposób. Korzystaj z naturalnego światła i czystego tła, aby zaprezentować swoje produkty w jak najlepszym świetle.

Dołącz podpisy z wciągającymi historiami lub spostrzeżeniami na temat japońskiej kultury, użytych składników lub inspiracji stojącej za każdym dziełem.

1. Instagram Stories: Wykorzystaj Instagram Stories, aby zapewnić klientom wgląd za kulisy procesu produkcji, od początkowych etapów wytwarzania słodyczy po końcowe opakowanie. Zapewnia to klientom wgląd w kunszt i dbałość o każdy element. Ponadto ankiety, quizy i interaktywne funkcje fabularne mogą zaangażować odbiorców i zapewnić im możliwość uczestnictwa.
2. Kołowrotki: Funkcja Reels na Instagramie to doskonały sposób na przyciągnięcie uwagi. Wyświetlaj krótkie segmenty wideo prezentujące przygotowanie, dekorowanie i pakowanie Twoich słodyczy. Proces tworzenia wagashi lub mochi może być angażujący i może przyciągnąć potencjalnych klientów do Twojej marki.

TikTok to popularna platforma mediów społecznościowych, która umożliwia użytkownikom tworzenie i udostępnianie krótkich filmów. TikTok to szybko rozwijająca się platforma, która szczególnie sprzyja rozpowszechnianiu krótkich, angażujących i innowacyjnych filmów. Jest to idealna platforma do prezentowania zwięzłych i angażujących treści związanych ze słodyczami.

1. Filmy z przepisami to doskonały sposób na zaprezentowanie produktu w akcji. Twórz krótkie filmy przedstawiające produkcję słodyczy, szczególnie te, które prezentują skomplikowane lub atrakcyjne wizualnie techniki. Proces wytwarzania taiyaki lub kształtowania nerikiri może być szczególnie angażujący dla widzów, zwiększając w ten sposób świadomość marki.
2. Treści zza kulis: Zapewnij wgląd w swoje działania jako producenta słodyczy, od pozyskiwania składników po

realizację zamówień klientów. Widzowie doceniają wgląd w ludzki aspekt działalności.

3. Edukacja kulturalna: Tworzenie filmów, które edukują widzów na temat kulturowego znaczenia niektórych słodyczy, tradycji z nimi związanych lub symboliki japońskich festiwali.

Opowiadanie historii: Zarówno Instagram, jak i TikTok doskonale nadają się do opowiadania historii, więc wykorzystaj te platformy nie tylko do zaprezentowania swoich produktów, ale także do opowiedzenia historii swojej marki. Udostępniaj informacje o inspiracjach stojących za Twoją firmą, wyzwaniach i triumfach, przed którymi stanąłeś, oraz o tym, co napędza Twoją pasję do japońskich słodyczy. Opowiadanie historii pomaga humanizować markę i budować emocjonalną więź z odbiorcami, co prowadzi do większej lojalności i zaangażowania.

Współpraca z influencerami kulinarnymi w celu zwiększenia świadomości marki

Współpraca z influencerami żywności może znacznie zwiększyć widoczność marki, ponieważ influencerzy często mają duże, zaangażowane obserwacje, które ufają ich rekomendacjom. Poniższe wskazówki pomogą w skutecznej współpracy z influencerami:

Zidentyfikuj najbardziej odpowiednich influencerów. Zidentyfikuj influencerów, których wartości są zgodne z Twoją marką i których odbiorcy są zainteresowani japońskimi słodyczami, żywnością rzemieślniczą lub kuchnią globalną. Mikroinfluencerzy (ci z mniejszymi, bardziej niszowymi obserwacjami) mogą być skutecznym sposobem budowania autentycznego połączenia z docelowymi odbiorcami. Wykorzystaj hashtagi i zbadaj katalogi influencerów, aby zidentyfikować potencjalnych współpracowników, którzy pasują do estetyki i wizji Twojej marki.

Dostarczanie próbek produktów. Jedną z najprostszych metod współpracy z influencerami jest dostarczanie im bezpłatnych próbek słodyczy w zamian za recenzję lub publikację w ich kanałach społecznościowych. Ważne jest, aby upewnić się, że opakowanie jest atrakcyjne wizualnie i odzwierciedla tożsamość marki. Wynika to z faktu, że influencerzy często dzielą się wrażeniami z rozpakowywania lub degustacji ze swoimi obserwatorami, co daje możliwość zaprezentowania produktu w pozytywnym świetle.

Współtworzone treści to kolejna możliwość współpracy. Aby uzyskać bardziej zaangażowaną współpracę, współpracuj z influencerami w celu tworzenia treści pod wspólną marką, takich jak samouczki kulinarne, filmy zza kulis lub dzień z życia Twojej firmy. Taka współpraca może być bardziej organiczna i angażująca niż standardowa recenzja produktu, ponieważ influencerzy dzielą się historią Twojej marki swoim unikalnym głosem.

Organizowanie przejęć na Instagramie lub TikTok: Rozważ umożliwienie influencerowi "przejęcia" Twojego konta na Instagramie lub TikTok na jeden dzień. Pozwoli im to dzielić się swoimi doświadczeniami z produktami, tworzyć zabawne treści i bezpośrednio angażować odbiorców, co może pomóc w przedstawieniu marki szerszej publiczności w kreatywny sposób.

Prowadzenie promocji online, prezentów i wydarzeń w celu zaangażowania klientów

Promocje i prezenty online są skutecznymi narzędziami do generowania świadomości marki i zwiększania zaangażowania odbiorców. Zachęcają klientów do angażowania się w treści, rozpowszechniania marki wśród innych, a nawet dokonywania zakupów. Aby zmaksymalizować skuteczność promocji online, postępuj zgodnie z poniższymi wskazówkami:

Prezenty: Jednym z najskuteczniejszych sposobów na zwiększenie liczby obserwujących w mediach społecznościowych i zwiększenie zaangażowania jest organizowanie prezentów. Stwórz prezent w połączeniu ze specjalną okazją, wprowadzeniem nowego produktu lub wydarzeniem sezonowym. Na przykład, możesz zaoferować "pudełko słodyczy" zawierające wybrane produkty. Aby wziąć udział w konkursie, uczestnicy muszą śledzić Twoje konto, oznaczyć znajomego i udostępnić post. To nie tylko zwiększa zaangażowanie, ale także wprowadza nowych potencjalnych klientów do Twojej marki.

Rabaty promocyjne i wyprzedaże błyskawiczne: Oferuj ograniczone czasowo rabaty lub wyprzedaże błyskawiczne, aby zachęcać do zakupów i nagradzać obserwujących. Można na przykład rozważyć zaoferowanie oferty "kup jeden, otrzymaj jeden" na konkretny przedmiot lub zapewnienie procentowej zniżki klientom, którzy złożą zamówienia w ciągu 24 godzin. Ogłaszanie tych promocji za pośrednictwem Instagram Stories lub filmów TikTok może stworzyć poczucie pilności i ekscytacji, zwiększając tym samym prawdopodobieństwo konwersji.

Wirtualne wydarzenia: Organizuj wydarzenia na żywo na Instagramie lub TikTok, podczas których możesz zademonstrować, jak zrobić jeden ze swoich słodyczy lub oprowadzić po swojej kuchni. Możesz również rozważyć przeprowadzenie sesji pytań i odpowiedzi na żywo, podczas której obserwujący mogą zapytać o Twoje słodycze, Twoją podróż biznesową lub japońską kulturę deserów. Wirtualne wydarzenia ułatwiają tworzenie poczucia wspólnoty i osobistej więzi z odbiorcami.

Promocje sezonowe: Dopasuj swoje promocje do świąt lub wydarzeń sezonowych, aby zwiększyć ich znaczenie. Na przykład, walentynkowa promocja może obejmować mochi w kształcie serca lub świąteczny prezent może oferować zestawy upominkowe słodyczy. Tematy sezonowe rezonują z klientami i dają im powód do angażowania się w markę w szczególnych porach roku.

Wartość zaangażowania klientów poprzez informacje zwrotne i wiadomości bezpośrednie

Budowanie bazy lojalnych klientów to nie tylko kwestia publikowania treści; chodzi raczej o wspieranie znaczących interakcji z odbiorcami. Aby budować relacje i wzmacniać lojalność wobec marki, niezbędne jest bezpośrednie angażowanie klientów poprzez komentarze, bezpośrednie wiadomości i opinie.

Ważne jest, aby odpowiadać na komentarze i wiadomości w odpowiednim czasie. Ważne jest, aby odpowiadać na komentarze do swoich postów i bezpośrednie wiadomości od obserwujących w odpowiednim czasie. Angażowanie klientów w jakikolwiek sposób, niezależnie od tego, czy zadają pytania, przekazują opinie, czy po prostu komplementują Twoje produkty, pokazuje im, że cenisz ich wkład i doceniasz ich wsparcie. Szybka i osobista odpowiedź może przekształcić zwykłego obserwatora w oddanego klienta.

Promuj tworzenie treści generowanych przez użytkowników. Zachęcaj klientów do dzielenia się zdjęciami i doświadczeniami związanymi z Twoim produktem poprzez ponowne publikowanie ich treści lub prowadzenie kampanii z hashtagami. Treści generowane przez użytkowników stanowią dowód społeczny i wzmacniają więź między marką a jej klientami. Repostuj ich historie, wyrażaj publicznie wdzięczność lub umieszczaj ich w swoich postach, aby pokazać, że Twoja marka ceni swoją społeczność.

Ważne jest, aby słuchać opinii. Opinie klientów, przekazywane bezpośrednio lub za pośrednictwem mediów społecznościowych, mogą dostarczyć cennych informacji na temat ulepszeń produktów, opakowań lub usług.
Wykorzystaj te opinie, aby ulepszyć swoje operacje biznesowe, niezależnie od tego, czy chodzi o udoskonalenie receptury, czy zaoferowanie lepszych alternatyw dostawy. Angażowanie się w obawy lub sugestie klientów świadczy o zaangażowaniu w ciągłe doskonalenie obsługi klienta. Wykorzystanie mocy Instagrama, TikTok, influencerów i bezpośredniego zaangażowania klientów pozwala firmom budować silną obecność online, która przyciąga lojalnych klientów i rozwija firmę. W następnym rozdziale omówione zostanie rozszerzenie kanałów sprzedaży poza media społecznościowe, w tym platformy handlu elektronicznego i budowanie skutecznego sklepu internetowego.

Tworzenie obecności w handlu elektronicznym

Stworzenie sklepu internetowego jest istotnym elementem strategii rozwoju dla każdej japońskiej firmy produkującej słodycze, która chce rozszerzyć swoją działalność poza sprzedaż lokalną. Wykorzystując odpowiednią platformę, skuteczne strategie wysyłki i dobrze przygotowaną ofertę produktów, można dotrzeć do klientów w całym kraju, a nawet na arenie międzynarodowej. W tym rozdziale przeanalizujemy podstawowe kroki związane z założeniem sklepu internetowego, zapewnieniem bezpiecznego pakowania i wysyłki, wykorzystaniem opinii klientów do budowania zaufania oraz oferowaniem specjalnych linii produktów, takich jak limitowane słodycze i pudełka subskrypcyjne.

Jak założyć sklep internetowy: Platformy takie jak Shopify, Etsy lub własna strona internetowa

Sklep internetowy umożliwia dotarcie do szerszej bazy klientów i zapewnia im wygodny sposób odkrywania i kupowania produktów. Warto rozważyć następujące platformy, z których każda oferuje różne korzyści:

Shopify to wiodąca platforma e-commerce, która oferuje kompleksowy zestaw funkcji i narzędzi ułatwiających firmom tworzenie sklepów internetowych i zarządzanie nimi. Shopify to popularna platforma do tworzenia konfigurowalnych sklepów internetowych. Oferuje ona przyjazne dla użytkownika narzędzia do projektowania, wbudowane funkcje e-commerce, takie jak przetwarzanie płatności i zarządzanie zapasami, a także liczne integracje w zakresie marketingu i wysyłki. Shopify umożliwia stworzenie dopracowanej, profesjonalnej strony internetowej, która jest zgodna z tożsamością marki. Jest to doskonały wybór dla firm, które chcą się rozwijać, ponieważ zapewnia bardziej zaawansowane możliwości w miarę rozwoju firmy.

Etsy to rynek dla ręcznie robionych i zabytkowych towarów. Etsy to doskonała opcja dla firm koncentrujących się na ręcznie robionych lub rzemieślniczych towarach. Rynek Etsy doskonale nadaje się dla firm oferujących unikalne, ręcznie robione przedmioty, ponieważ jest przeznaczony dla społeczności kupujących poszukujących takich produktów. Etsy to prosta w konfiguracji platforma z wbudowaną bazą klientów i funkcją wyszukiwania, która pomaga klientom odkryć Twoje produkty. Należy jednak zauważyć, że platforma ta oferuje mniej możliwości dostosowywania niż Shopify, a także obowiązują opłaty za transakcje i wpisy.

Własna strona internetowa: Jeśli chcesz mieć pełną kontrolę nad wyglądem i funkcjami swojego sklepu internetowego, możesz rozważyć stworzenie własnej witryny internetowej za pomocą platformy takiej jak Squarespace, Wix lub WordPress (z wtyczkami e-commerce, takimi jak WooCommerce). Ta opcja zapewnia pełną elastyczność w zakresie brandingu i doświadczenia użytkownika, ale może wymagać więcej czasu i wiedzy technicznej do skonfigurowania i utrzymania w porównaniu do Shopify lub Etsy.

Niezależnie od wybranej platformy, ważne jest, aby upewnić się, że sklep internetowy jest atrakcyjny wizualnie, łatwy w nawigacji i przyjazny dla urządzeń mobilnych. Listy produktów powinny zawierać wysokiej jakości zdjęcia, szczegółowe opisy i informacje o cenach, aby zapewnić klientom wszystkie informacje niezbędne do dokonania zakupu. Ważne jest również, aby zoptymalizować witrynę pod kątem wyszukiwarek (SEO), aby zwiększyć widoczność w Internecie.

Bezpieczne pakowanie i wysyłka słodyczy, w tym wskazówki dotyczące łatwo psujących się produktów

Jednym z najważniejszych wyzwań stojących przed osobami prowadzącymi internetowy biznes spożywczy jest zapewnienie, że ich produkty dotrą do klientów w optymalnym stanie. Niezwykle ważne jest wdrożenie skutecznych strategii pakowania i wysyłki, szczególnie w przypadku produktów łatwo psujących się. Poniższe punkty są niezbędne do rozważenia:

Wybór odpowiednich materiałów opakowaniowych: Istotne jest, aby opakowanie chroniło słodycze podczas transportu, a jednocześnie odzwierciedlało tożsamość marki. W przypadku delikatnych produktów, takich jak wagashi, zaleca się stosowanie wytrzymałych, ekologicznych pudełek z wyściółką (taką jak bibuła lub biodegradowalne orzeszki ziemne), aby zapobiec uszkodzeniom. W przypadku łatwo psujących się produktów może być konieczne użycie izolowanych opakowań i zimnych opakowań w celu zachowania świeżości podczas wysyłki.

Wysyłka łatwo psujących się produktów: W przypadku wysyłania słodyczy wrażliwych na temperaturę, takich jak mochi lub słodycze wypełnione kremem, kluczowe jest stosowanie izolowanych opakowań i zimnych opakowań, aby zapewnić optymalną świeżość podczas transportu.

Wybierz niezawodnego przewoźnika, który oferuje opcje przyspieszonej wysyłki, aby zminimalizować czas transportu produktów. Niektórzy przewoźnicy oferują również opcje wysyłki bezpieczne dla żywności, zapewniając, że łatwo psujące się produkty są traktowane z najwyższą ostrożnością.

W przypadku dłuższego czasu wysyłki lub upałów, wskazane może być ograniczenie wysyłki produktów wymagających chłodzenia, takich jak dorayaki lub yokan, a zamiast tego skupienie się na wysyłce produktów, które są bardziej stabilne na półce.

Śledzenie i ubezpieczenie: Aby zapewnić spokój zarówno sobie, jak i swoim klientom, upewnij się, że wszystkie przesyłki zawierają informacje o śledzeniu. Oferowanie ubezpieczenia dla zamówień o wyższej wartości może również chronić przed potencjalnymi stratami spowodowanymi uszkodzeniami lub opóźnieniami podczas wysyłki.

Koszty wysyłki: Koszty wysyłki mogą być zniechęcające dla niektórych klientów, więc bądź przejrzysty w kwestii opłat za wysyłkę. Oferowanie darmowej lub zniżkowej wysyłki dla zamówień powyżej określonej kwoty może zachęcić klientów do większych zakupów.

Wykorzystywanie opinii klientów do budowania zaufania

Opinie klientów są nieocenionym źródłem budowania zaufania wśród potencjalnych nabywców. Pozytywne recenzje stanowią dowód społeczny, pokazując nowym klientom, że inni klienci mieli pozytywne doświadczenia z

Twoimi produktami. Poniższe wskazówki pomogą Ci w pełni wykorzystać opinie klientów:

Wskazane jest zachęcanie klientów do pozostawiania recenzji. Po dokonaniu zakupu wyślij uprzejmą wiadomość e-mail z prośbą o pozostawienie recenzji. Wiele platform, takich jak Etsy i Shopify, zapewnia zautomatyzowane systemy, które mogą wysyłać takie wiadomości e-mail w Twoim imieniu. Korzystne może być rozważenie zaoferowania niewielkiej zniżki lub zachęty dla klientów, którzy poświęcą czas na napisanie recenzji.

Wyświetlanie opinii: Wyświetlaj pozytywne recenzje i referencje na swojej stronie internetowej, w mediach społecznościowych i na stronach produktów. Cytaty od zadowolonych klientów mogą być wykorzystane do wzmocnienia jakości produktów i obsługi klienta. Możesz także rozważyć utworzenie dedykowanej sekcji "Historie klientów" na swojej stronie internetowej, zawierającej szczegółowe referencje lub zdjęcia klientów cieszących się Twoimi produktami.

Ważne jest, aby reagować na opinie w sposób terminowy i profesjonalny, niezależnie od tego, czy są one pozytywne czy negatywne. Podziękuj klientom za ich pozytywne opinie, a jeśli otrzymasz negatywną recenzję, odpowiedz grzecznie i zaproponuj rozwiązanie problemu. Pokazuje to, że zależy ci na zadowoleniu klientów i jesteś gotów dołożyć wszelkich starań, aby zapewnić im pozytywne doświadczenia.

Oferowanie limitowanych edycji słodyczy, pudełek subskrypcyjnych lub kolekcji sezonowych

Jedną z najskuteczniejszych metod utrzymywania zaangażowania klientów i zachęcania do ponownych zakupów jest oferowanie ekskluzywnych linii produktów, które generują emocje i poczucie ekskluzywności. Słodycze z limitowanej edycji, pudełka subskrypcyjne i kolekcje sezonowe są idealne do generowania zainteresowania i zachęcania do ponownych zakupów.

Słodycze z limitowanej edycji: Udostępniaj słodycze z limitowanej edycji, które będą dostępne tylko przez krótki czas lub w niewielkich ilościach. Takie produkty mogą obejmować smaki sezonowe (takie jak mochi z kwiatem wiśni na wiosnę lub kasztanowy yokan jesienią) lub współpracę z innymi lokalnymi markami. Produkty z limitowanej edycji stwarzają poczucie pilności, skłaniając klientów do dokonania zakupu, zanim produkt nie będzie już dostępny.

Pudełka subskrypcyjne są cennym narzędziem sprzedaży. Pudełka subskrypcyjne stanowią doskonałą okazję do generowania stałych przychodów przy jednoczesnym budowaniu bazy lojalnych klientów. Opracuj miesięczne lub kwartalne pudełka ze słodyczami zawierające wybór najpopularniejszych produktów, a także produkty ekskluzywne lub sezonowe. Można oferować różne poziomy subskrypcji, umożliwiając klientom wybór między małymi pudełkami z próbkami i większymi asortymentami. Pudełka subskrypcyjne są skuteczną metodą na zapoznanie klientów z nowymi produktami, z którymi mogliby się nie zetknąć.

Kolekcje sezonowe: Podobnie, kolekcje sezonowe umożliwiają oferowanie produktów tematycznych związanych z określonymi świętami lub wydarzeniami.

Można na przykład stworzyć kolekcję walentynkową zawierającą wagashi w kształcie serca lub świąteczne pudełko upominkowe z różnymi słodyczami nadającymi się na prezent. Kolekcje sezonowe można sprzedawać jako prezenty, które są często kupowane hurtowo, zwiększając w ten sposób sprzedaż w szczytowych okresach zakupów.

Oferując te specjalne linie produktów, można utrzymać świeży i ekscytujący asortyment, zachęcając klientów do regularnego odwiedzania sklepu w celu sprawdzenia nowości.

Zwiększanie zasięgu

Po ustanowieniu solidnej lokalnej bazy sprzedaży i dobrze prosperującej platformy handlu elektronicznego nadszedł czas, aby rozważyć strategie zwiększania zasięgu. W tym rozdziale omówiono strategie rozwoju biznesu, w tym badanie możliwości sprzedaży hurtowej, prezentowanie produktów na targach i festiwalach żywności oraz skalowanie produkcji przy jednoczesnym zachowaniu wysokiej jakości i rzemieślniczego kunsztu, który wyróżnia Twoją markę.

Możliwości sprzedaży hurtowej: Współpraca z supermarketami, herbaciarniami lub sklepami dla smakoszy

Partnerstwa hurtowe zapewniają skuteczny sposób na znaczne poszerzenie bazy klientów poprzez umieszczanie produktów w uznanych punktach sprzedaży detalicznej. Nawiązując współpracę z lokalnymi i regionalnymi supermarketami, herbaciarniami lub sklepami dla smakoszy, możesz poszerzyć bazę klientów i generować stałe strumienie przychodów, jednocześnie przedstawiając swoje japońskie słodycze szerszej publiczności.

Supermarkety stanowią istotną szansę dla partnerstw hurtowych, ponieważ oferują platformę do wprowadzania produktów do szerszej publiczności przy jednoczesnym generowaniu stałych strumieni przychodów. Specjalistyczne lub wysokiej klasy supermarkety często poszukują unikalnych, rzemieślniczych produktów, aby odróżnić się od konkurencji. Zwrócenie się do tych sklepów ze swoimi japońskimi słodyczami, zwłaszcza jeśli masz atrakcyjne opakowanie i silną tożsamość marki, może ułatwić dostęp do większej bazy klientów. Produkty takie jak pakowane dorayaki, mochi lub yokan, które mają dłuższy okres przydatności do spożycia, są idealne do sprzedaży detalicznej. Należy pamiętać, że supermarkety mogą wymagać dużych ilości, dlatego zaleca się wcześniejsze omówienie cen hurtowych i regularnych harmonogramów dostaw.

Herbaciarnie i kawiarnie stanowią kolejną potencjalną drogę dystrybucji. Herbaciarnie i kawiarnie, szczególnie te, które serwują japońską herbatę lub specjalizują się w napojach rzemieślniczych, stanowią doskonałą okazję dla słodyczy. Wagashi, na przykład, jest często podawane z tradycyjnymi herbatami, co czyni je idealnym uzupełnieniem. Oferując swoje słodycze w tych miejscach, można budować świadomość marki wśród klientów, którzy doceniają kunszt i jakość. Możesz także zbadać możliwości co-brandingu, w których Twoje słodycze są prezentowane w menu jako ekskluzywne połączenie z określonymi napojami.

Detaliści dla smakoszy: Specjalistyczne sklepy spożywcze, które obsługują klientów poszukujących wysokiej jakości, unikalnych produktów, stanowią idealne miejsce dla japońskich słodyczy. Sklepy te często oferują wyroby rzemieślnicze, co czyni je idealnym miejscem do zaprezentowania swojej kreatywności i kunsztu. Korzystne może być rozważenie oferowania słodyczy sezonowych lub limitowanych, atrakcyjnie zapakowanych na prezent. Nawiązując relacje hurtowe ze sprzedawcami detalicznymi, można budować wizerunek marki premium i zapewnić, że produkty dotrą do odbiorców ceniących jakość.

Kontaktując się z potencjalnymi partnerami hurtowymi, zaleca się przygotowanie dopracowanego katalogu hurtowego, który zawiera ofertę produktów, ceny i opcje pakowania. Ważne jest, aby podkreślić wyjątkowość swoich słodyczy, jakość składników oraz sposób, w jaki są one zgodne z marką i bazą klientów sprzedawcy detalicznego.

Uczestnictwo w targach żywności i festiwalach w celu zaprezentowania swoich słodyczy

Udział w targach żywności, targach rolniczych i festiwalach kulturalnych to doskonały sposób na zaprezentowanie swoich produktów szerszej publiczności, wzbudzenie zainteresowania i nawiązanie kontaktów z potencjalnymi nabywcami i współpracownikami. Aby zmaksymalizować korzyści płynące z tych wydarzeń, wykonaj następujące kroki:

Lokalne i regionalne targi żywności: Targi żywności to doskonała okazja do zaprezentowania swoich produktów szerszemu rynkowi przy jednoczesnym bezpośrednim kontakcie z klientami. Wydarzenia te przyciągają wymagającą publiczność entuzjastów żywności, którzy chętnie odkrywają unikalne i wysokiej jakości produkty. Zaleca się ustawienie przyciągającego wzrok stoiska z atrakcyjnymi wizualnie ekspozycjami słodyczy. Zaoferuj próbki, aby przyciągnąć klientów i zachęcić ich do wypróbowania nowych produktów. Korzystne może być oferowanie klientom opcji zakupu wstępnie zapakowanych produktów do późniejszej konsumpcji, a także świeżo przygotowanych smakołyków do natychmiastowego spożycia.

Festiwale kulturowe i sezonowe zapewniają doskonałe możliwości promocji produktów. Japońskie słodycze są często związane z konkretnymi okazjami kulturowymi lub sezonowymi, takimi jak festiwale kwitnącej wiśni lub obchody Nowego Roku. Udział w tych wydarzeniach pozwala dotrzeć do odbiorców zaangażowanych kulturowo, którzy mogą już znać i doceniać wagashi lub mochi. Dostosowanie oferty produktów do tematu wydarzenia (np. wagashi z motywem kwiatu wiśni na wiosenny festiwal) może zwiększyć atrakcyjność stoiska.

Rynki rolne i wydarzenia typu pop-up: Targi rolnicze są idealną platformą dla małych firm spożywczych, które chcą zwiększyć rozpoznawalność marki i pielęgnować lokalną bazę klientów. Wydarzenia te oferują wyjątkową okazję do bezpośredniego kontaktu z klientami, dzielenia się historią stojącą za słodyczami i zbierania natychmiastowych opinii. Wydarzenia pop-up, niezależnie od tego, czy są organizowane samodzielnie, czy we współpracy z innymi sprzedawcami, mogą generować emocje związane z marką i przedstawiać produkty nowym klientom w swobodnym i nieformalnym otoczeniu.

Zaleca się zabranie ze sobą materiałów marketingowych, takich jak wizytówki, broszury lub kody QR, które prowadzą do strony internetowej lub stron w mediach społecznościowych. Uzyskanie e-maili klientów do listy mailingowej podczas tych wydarzeń może ułatwić bieżącą komunikację z zainteresowanymi nabywcami i zachęcić do ponownych zakupów.

Jak skalować produkcję bez utraty jakości lub kontroli?

W miarę rozszerzania zasięgu poprzez partnerstwa hurtowe i udział w wydarzeniach, konieczne będzie zwiększenie produkcji w celu zaspokojenia popytu. Istotne jest jednak utrzymanie wysokiej jakości i rzemieślniczego charakteru słodyczy w miarę rozwoju firmy. Ten przewodnik pokaże Ci, jak skutecznie skalować swoją działalność bez poświęcania kontroli.

Niezbędne jest usprawnienie procesów produkcyjnych. Należy przeprowadzić przegląd bieżących procesów produkcyjnych, aby zidentyfikować obszary, w których można poprawić wydajność. Niezbędne jest ujednolicenie receptur, wielkości porcji i czasu gotowania, aby zagwarantować jednolitość wszystkich partii. Korzystne może być rozważenie inwestycji w komercyjny sprzęt kuchenny, który może pomóc usprawnić produkcję bez uszczerbku dla jakości słodyczy. Na przykład wdrożenie większych maszyn mieszających lub zautomatyzowanych narzędzi do formowania może usprawnić produkcję przy jednoczesnym zachowaniu precyzji i szczegółowości produktów.

Rekrutacja wykwalifikowanego personelu. Wraz ze wzrostem popytu może być konieczne zatrudnienie dodatkowego personelu do pomocy w produkcji. Przy zatrudnianiu należy dać pierwszeństwo kandydatom z doświadczeniem w rzemieślniczej produkcji żywności lub wykazującym silne zaangażowanie w jakość i szczegóły. Niezbędne jest zapewnienie kompleksowego szkolenia nowym pracownikom, aby upewnić się, że rozumieją standardy jakości i mogą konsekwentnie wytwarzać Twoje produkty. Przydziel konkretne role w procesie produkcji, aby usprawnić przepływ pracy i zminimalizować liczbę błędów.

Outsourcing niektórych zadań: W zależności od skali działalności, warto rozważyć outsourcing niektórych zadań, takich jak pakowanie lub dostawa. Na przykład współpraca z co-packerem (firmą specjalizującą się w pakowaniu produktów spożywczych) może zaoszczędzić czas i zapewnić profesjonalne i wydajne pakowanie słodyczy. Należy jednak zachować ścisły nadzór nad wszelkimi zadaniami zlecanymi na zewnątrz, aby upewnić się, że spełniają one standardy jakości.

Niezbędne jest utrzymanie jakości składników wykorzystywanych w produkcji. Skalowanie produkcji często wymaga zakupu składników w większych ilościach. Jednak niezwykle ważne jest, aby upewnić się, że jakość składników nie jest zagrożona w tym procesie. Ważne jest, aby nadal pozyskiwać wysokiej jakości składniki od wiarygodnych dostawców, nawet jeśli oznacza to ponoszenie nieco wyższych kosztów. Autentyczność i smak słodyczy są tym, co odróżnia Twoją markę od konkurencji, więc utrzymanie tego standardu ma zasadnicze znaczenie dla utrzymania klientów i lojalności wobec marki.

Produkcja seryjna jest skuteczną metodą utrzymania spójności. Aby utrzymać kontrolę jakości podczas skalowania, należy rozważyć wdrożenie systemu produkcji partiami. Zamiast produkować wszystkie słodycze w jednej dużej partii, zaleca się podzielenie procesu na mniejsze, łatwiejsze do zarządzania etapy. Takie podejście pozwala na skuteczniejsze monitorowanie i zachowanie spójności przy jednoczesnym zwiększeniu ogólnej wydajności produkcji. Niezbędne jest przeprowadzanie regularnych kontroli jakości każdej partii, aby zagwarantować, że spełnia ona wymagane standardy.

Monitorowanie jakości i opinii klientów. W miarę rozszerzania działalności niezbędne jest utrzymywanie rygorystycznej kontroli jakości i aktywne pozyskiwanie opinii klientów. Ważne jest, aby regularnie sprawdzać wszelkie niespójności w smaku, teksturze lub prezentacji. Wykorzystaj opinie klientów, aby udoskonalić swoje procesy i zapewnić, że Twoje słodycze pozostaną najwyższej jakości, nawet gdy Twoja produkcja wzrośnie.

Rozszerzenie działalności na sprzedaż hurtową, prezentowanie swoich słodyczy na targach żywności i strategiczne skalowanie produkcji pozwoli ci rozwinąć działalność przy jednoczesnym zachowaniu rzemieślniczej jakości, która czyni twoje japońskie słodycze wyjątkowymi. W następnym rozdziale zajmiemy się dywersyfikacją źródeł dochodu poprzez oferowanie zajęć, cateringu i współpracy z innymi firmami.

Dywersyfikacja strumieni dochodów

Po założeniu działalności związanej z japońskimi słodyczami, dywersyfikacja strumieni dochodów może pomóc zwiększyć przychody, dotrzeć do nowych klientów i zwiększyć stabilność firmy. Ponadto dywersyfikacja pozwala zademonstrować swoją wiedzę specjalistyczną w nowatorski sposób i wzmocnić więź między marką a docelowymi odbiorcami. W tym rozdziale przeanalizujemy metody rozszerzania działalności, w tym oferowanie zajęć lub warsztatów, tworzenie ekskluzywnych treści lub usług subskrypcyjnych oraz zapewnianie cateringu na specjalne wydarzenia.

Oferowanie zajęć lub warsztatów (osobiście lub online) na temat robienia japońskich słodyczy

Uczenie innych, jak robić japońskie słodycze, jest naturalnym rozszerzeniem działalności i doskonałym sposobem na dzielenie się swoją pasją przy jednoczesnym generowaniu dodatkowego dochodu. Oferowanie zajęć lub warsztatów - zarówno osobiście, jak i online - pozwala nawiązać kontakt z klientami na bardziej osobistym poziomie, jednocześnie pokazując skomplikowany kunszt stojący za wagashi, mochi i innymi słodyczami.

Warsztaty osobiste: Jeśli masz dostęp do przestrzeni kuchennej lub możesz nawiązać współpracę z lokalnym domem kultury, szkołą kulinarną lub kawiarnią, możesz rozważyć zorganizowanie osobistych warsztatów. Warsztaty te mogą obejmować szereg technik, od podstawowych umiejętności, takich jak przygotowanie prostego daifuku, po bardziej wyrafinowane umiejętności, takie jak kształtowanie nerikiri lub tworzenie sezonowych słodyczy. Organizowanie małych, praktycznych warsztatów pozwala uczestnikom doświadczyć procesu z pierwszej ręki i często zabierają oni swoje dzieła do domu, tworząc niezapomniane wrażenia dla klientów.

Korzyści z oferowania warsztatów są liczne. Warsztaty osobiste ułatwiają silny, bezpośredni kontakt między Tobą a Twoimi klientami, umożliwiając natychmiastową informację zwrotną i interakcję. Są doskonałym sposobem na budowanie lokalnej społeczności i zdobywanie pozytywnych recenzji.

Ceny i struktura: Naliczaj opłatę w oparciu o złożoność warsztatu i dostarczone materiały. Na przykład, zajęcia dla początkujących mogą mieć niższą cenę, podczas gdy bardziej zaawansowane warsztaty z rzadkimi składnikami lub skomplikowanymi technikami mogą wymagać wyższych opłat.

Zajęcia i samouczki online: Pojawienie się platform cyfrowych stworzyło nowe możliwości dla firm, aby rozszerzyć bazę klientów poza rynki lokalne, oferując zajęcia online. Możesz oferować warsztaty online na żywo za pośrednictwem platform takich jak Zoom lub tworzyć nagrane wcześniej lekcje, które klienci mogą kupić i obejrzeć w dogodnym dla siebie czasie. Zajęcia online są atrakcyjną opcją dla klientów, którzy chcą nauczyć się sztuki japońskich słodyczy, ale nie mogą uczestniczyć w nich osobiście.

Korzyści płynące z zajęć online są następujące: Warsztaty online można łatwo skalować, aby dotrzeć do globalnej publiczności bez ograniczeń geograficznych. Sprzedaż wcześniej nagranych treści może być wielokrotnie powtarzana, generując pasywny strumień dochodów.

Dostępne są następujące platformy: Możesz hostować zajęcia na swojej stronie internetowej lub korzystać z platform e-learningowych, takich jak Udemy, Teachable lub Skillshare, które mają już wbudowaną publiczność poszukującą kursów kulinarnych. Zajęcia na żywo w Zoom zapewniają bezpośrednią interakcję i pozwalają odpowiadać na pytania w czasie rzeczywistym, podczas gdy nagrane wcześniej zajęcia mogą być sprzedawane jako część pakietu lub pakietu kursów.

Prowadzenie warsztatów nie tylko przynosi dodatkowy dochód, ale także pomaga zdobyć wiedzę, pozycjonując cię jako autorytet w dziedzinie japońskich słodyczy.

Tworzenie ekskluzywnych treści lub usług subskrypcyjnych

Usługi subskrypcji i ekskluzywne oferty treści są skuteczną metodą wspierania lojalności klientów przy jednoczesnym generowaniu stałych przychodów. Takie oferty mogą obejmować zarówno comiesięczne zestawy przepisów, jak i ekskluzywne treści zza kulis, które służą pogłębieniu relacji między klientem a firmą.

Pudełka subskrypcyjne są popularną opcją dla wielu firm. Usługi subskrypcji zapewniają klientom regularne dostawy starannie wyselekcjonowanej gamy produktów. Możesz tworzyć pudełka z różnymi sezonowymi smakami lub limitowanymi słodyczami co miesiąc lub co kwartał. Subskrybenci doceniają oczekiwanie na odkrycie nowych produktów w każdej dostawie, a usługi subskrypcyjne zapewniają niezawodne źródło stałych przychodów.

Istnieją różne rodzaje pudełek subskrypcyjnych: Rozważ oferowanie różnych poziomów pudełek subskrypcyjnych, takich jak mniejsze pudełko "sampler" lub pudełko premium z rzadkimi lub skomplikowanymi słodyczami. Dodatkowo, pudełka tematyczne mogą być tworzone na specjalne okazje lub festiwale.

Zestawy przepisów: Oprócz gotowych produktów, warto rozważyć oferowanie zestawów z przepisami, które zawierają wstępnie odmierzone składniki i instrukcje, pozwalając klientom na odtworzenie japońskich słodyczy w domu. Jest to atrakcyjna opcja dla klientów, którzy lubią gotować lub chcą sami doświadczyć tego procesu.

Członkowie będą cieszyć się ekskluzywnymi treściami. Innym sposobem na dywersyfikację jest stworzenie programu członkowskiego, który zapewnia subskrybentom ekskluzywną zawartość. Jako przykład można rozważyć oferowanie:

Comiesięczne przepisy: Dystrybucja ekskluzywnych, dostępnych tylko dla członków przepisów, które subskrybenci mogą odtworzyć w domu. Przepisy te mogą obejmować nie tylko słodycze, ale także tradycyjne napoje lub pary, które uzupełniają desery.

Dostęp zza kulis: Zaoferuj subskrybentom wgląd za kulisy procesu twórczego, od pozyskiwania składników po sztukę kształtowania i dekorowania słodyczy. Treści te mogą pomóc pogłębić więź między marką a odbiorcami, sprawiając, że poczują się jak wtajemniczeni.

Sesje pytań i odpowiedzi na żywo lub pokazy gotowania: Organizowanie wydarzeń na żywo dla członków, podczas których mogą oni zadawać pytania lub oglądać, jak tworzysz nowe słodycze, może zbudować społeczność wokół Twojej marki.

Dostarczanie ekskluzywnych treści i usług subskrypcyjnych nie tylko generuje dodatkowe przychody, ale także zwiększa lojalność klientów, oferując wartość wykraczającą poza sam produkt.

Catering na imprezy okolicznościowe (wesela, urodziny, festiwale kulturalne)

Catering to szansa na dotarcie do nowego segmentu klientów przy jednoczesnej dywersyfikacji źródeł przychodów. Japońskie słodycze, z ich elegancką prezentacją i znaczeniem kulturowym, są idealnym wyborem na wesela, urodziny i inne imprezy okolicznościowe.

Wesela i zaręczyny stanowią istotną okazję dla firm z branży gastronomicznej. Wiele par poszukuje charakterystycznych, rzemieślniczych słodyczy na swoje przyjęcia weselne, a japońskie słodycze stanowią niezapomnianą i elegancką opcję. Wagashi można dostosować kolorami lub wzorami do motywu przewodniego pary, a słodycze takie jak mochi i dorayaki mogą być indywidualnie pakowane jako upominki ślubne. Zapewniamy wybór opcji cateringowych, w tym stoły deserowe z elegancko zaprezentowanymi słodyczami i mniejsze, indywidualnie zapakowane prezenty dla gości.

Z przyjemnością oferujemy niestandardowe zamówienia. Klienci weselni często proszą o spersonalizowane akcenty, dlatego warto rozważyć zaoferowanie opcji personalizacji, takich jak dodanie inicjałów na słodyczach lub stworzenie smaków o specjalnym znaczeniu dla pary.

Festiwale kulturalne i imprezy firmowe: Japońskie słodycze są doskonałym wyborem na festiwale kulturalne, imprezy firmowe i uroczystości, takie jak japoński Nowy Rok lub wiosenne festiwale. Nawiąż współpracę z lokalnymi organizacjami kulturalnymi lub firmami, aby zapewnić słodycze na te okazje, niezależnie od tego, czy jest to pełny deser, czy indywidualne pudełka na wynos dla gości. Catering na imprezy firmowe może również ułatwić rozwój relacji z lokalnymi firmami, co może prowadzić do powtarzających się transakcji.

Przyjęcia urodzinowe i specjalne okazje: Dostarczanie słodyczy na urodziny lub inne osobiste uroczystości może sprawić, że staniesz się niezawodnym dostawcą wyróżniających się i rzemieślniczych deserów. Dostosuj swoją ofertę do okazji, na przykład tematyczny tort urodzinowy lub indywidualnie zapakowane słodycze jako upominki na przyjęcie. Możesz także rozważyć opracowanie specjalnych pakietów na ważne kamienie milowe, takie jak rocznice, prysznice dla dzieci lub ukończenie szkoły.

Ceny i logistyka cateringu

Ceny: Zamówienia cateringowe zazwyczaj obejmują większe ilości i bardziej spersonalizowane niż zwykłe zamówienia, więc ceny powinny być dostosowane, aby to odzwierciedlić. Zaleca się wdrożenie struktury cenowej obejmującej wiele poziomów, zróżnicowanych w zależności od poziomu usług i liczby gości. Na przykład pakiet podstawowy może obejmować proste słodycze dla skromnego spotkania, podczas gdy pakiet premium może obejmować słodycze na zamówienie dla wesela z 200 gośćmi.

Logistyka: W przypadku dużych imprez niezbędne jest posiadanie dobrze zdefiniowanego planu dostawy i konfiguracji. Możesz rozważyć zaoferowanie pełnej obsługi cateringowej, w ramach której Ty lub Twój zespół ustawicie stół z deserami na imprezie lub po prostu zapewnicie dostawę wstępnie zapakowanych słodyczy. Ważne jest, aby komunikować się z klientami w sprawie czasu realizacji, zwłaszcza w przypadku dużych zamówień lub niestandardowych projektów. Ważne jest również, aby upewnić się, że harmonogram produkcji pozwala na realizację tych większych projektów bez uszczerbku dla regularnych operacji biznesowych.

Dywersyfikując strumienie przychodów poprzez warsztaty, usługi subskrypcyjne, ekskluzywne treści i catering, możesz nie tylko zwiększyć swoje przychody, ale także zwiększyć zasięg i reputację swojej marki. Te dodatkowe usługi pozwalają zaoferować klientom większą wartość i zapewnić, że Twoja firma ma wiele ścieżek do sukcesu. W następnym i ostatnim rozdziale omówimy, jak ocenić rozwój firmy i stworzyć plan długoterminowej stabilności.

Współpraca z innymi firmami

Współpraca z innymi firmami to skuteczna metoda rozszerzania marki, docierania do nowych odbiorców i generowania dodatkowych źródeł przychodów. Zawieranie strategicznych sojuszy z herbaciarniami, restauracjami i innymi firmami związanymi z żywnością umożliwia przedstawienie swoich produktów klientom, którzy w przeciwnym razie mogliby nie zetknąć się z Twoją marką. W tym rozdziale przeanalizujemy sposoby, w jakie firmy mogą tworzyć partnerstwa, wykorzystywać możliwości co-brandingu oraz wykorzystywać wzajemne promocje i programy lojalnościowe w celu zwiększenia retencji klientów.

Współpraca z herbaciarniami, restauracjami lub usługami bento box w celu włączenia słodyczy do ich menu

Współpraca z herbaciarniami, restauracjami lub usługami bento box to skuteczna strategia poszerzania bazy klientów i generowania stałych przychodów poprzez sprzedaż hurtową lub współpracę. Takie partnerstwa dają możliwość zaprezentowania swoich produktów w ramach istniejącej oferty gastronomicznej, w której słodycze uzupełniają inne wysokiej jakości produkty.

Herbaciarnie stanowią doskonałą okazję dla japońskich firm z branży słodyczy do poszerzenia zasięgu i wygenerowania dodatkowych przychodów. Herbaciarnie są optymalnym miejscem dla japońskich słodyczy, zwłaszcza wagashi, które doskonale pasują do tradycyjnych herbat, takich jak matcha, sencha lub hojicha. Skontaktuj się z lokalnymi herbaciarniami, aby zaproponować włączenie swoich słodyczy do ich menu lub jako dodatków do ceremonii parzenia herbaty. Możesz stworzyć specjalne pary lub oferty sezonowe, które pasują do ich wyboru herbaty. Wagashi mogą być serwowane jako część zestawu popołudniowej herbaty lub sprzedawane jako smakołyki do zabrania do domu, aby klienci mogli cieszyć się nimi później.

Można na przykład nawiązać współpracę z herbaciarnią w celu stworzenia mochi o smaku matcha lub dorayaki zaprojektowanych specjalnie w celu uzupełnienia ich najpopularniejszych herbat. Oferując wyselekcjonowane doświadczenie, obie firmy mogą skorzystać na zwiększonej sprzedaży i bardziej spójnym doświadczeniu kulinarnym dla klientów.

Restauracje: Współpraca z restauracjami pozwala na umieszczenie produktów w ich menu deserów, oferując wyjątkowe i niezapomniane zakończenie posiłku. Japońskie słodycze, szczególnie te o lekkim, orzeźwiającym smaku, są doskonałym dodatkiem do oferty zarówno restauracji japońskich, jak i fusion. Warto rozważyć oferowanie swoich słodyczy w ramach menu degustacyjnego lub jako sezonowy deser. Dodatkowo, możesz tworzyć niestandardowe pozycje do menu restauracji, oferując dalszy poziom personalizacji i ekskluzywności.

Na przykład, we współpracy z wysokiej klasy restauracją, można opracować sezonowe daifuku ze świeżymi owocami lub kremowymi nadzieniami, które są dostępne wyłącznie w tym miejscu. Zapewnia to klientom wyjątkowe doświadczenie wyłącznie w restauracji, jednocześnie promując Twoją markę.

Usługi bento box: Usługi bento box to szybko rozwijający się rynek, szczególnie wśród zapracowanych profesjonalistów poszukujących wysokiej jakości gotowych posiłków. Nawiąż współpracę z dostawcami bento, aby zaprezentować swoje japońskie słodycze jako opcję deserową w ich zestawach posiłków. Dzięki takiej współpracy Twoje produkty mogą dotrzeć do nowej bazy klientów, jednocześnie zwiększając atrakcyjność ich oferty posiłków.

Na przykład, można stworzyć małe, indywidualnie pakowane wagashi lub yokan, które idealnie pasują do pudełek bento. Te kompaktowe, łatwe do zapakowania słodycze zwiększają wartość usługi bento, jednocześnie przedstawiając Twoją markę klientom, którzy lubią wykwintne lunche.

Możliwości co-brandingu z innymi rzemieślnikami lub twórcami żywności

Co-branding z innymi rzemieślnikami lub twórcami żywności pozwala wykorzystać swoją wiedzę we współpracy z uzupełniającymi się firmami, co skutkuje innowacyjnymi produktami i wzajemną promocją, która przynosi korzyści obu stronom. Co-branding to skuteczna strategia docierania do nowych odbiorców, dzielenia się zasobami i generowania zainteresowania unikalną, wspólną ofertą.

Współpraca z lokalnymi piekarzami lub cukiernikami może być skuteczną strategią rozszerzania zasięgu działalności i oferty produktów. Nawiązanie współpracy z lokalnymi piekarzami lub cukiernikami w celu stworzenia deserów fusion, które łączą japońskie słodycze z innymi tradycjami kulinarnymi. Na przykład, cukiernik może zintegrować mochi z ciastem w stylu zachodnim lub można podjąć wspólne przedsięwzięcie w celu stworzenia inspirowanego Japonią ciasta z warstwami matcha i anko. Taka współpraca generuje zainteresowanie zarówno ze strony istniejących baz klientów, jak i wprowadza na rynek nowe, kreatywne produkty.

Dla celów ilustracyjnych rozważmy następujący przykład: Nawiązanie współpracy z lokalnym producentem czekolady w celu stworzenia czekoladek o smaku matcha wypełnionych kremem anko lub yuzu. Ten produkt pod wspólną marką mógłby być sprzedawany w obu sklepach lub online, wykorzystując w ten sposób wzajemne bazy klientów.

Współpraca z producentami napojów: Nawiąż współpracę z producentami napojów, którzy produkują herbatę, kawę lub sake, aby tworzyć produkty zaprojektowane jako uzupełnienie ich napojów. Na przykład, możesz tworzyć słodycze, które uzupełniają ich charakterystyczne napary lub oferować limitowane produkty o smakach inspirowanych ich napojami. Możliwości co-brandingu wykraczają poza branżę spożywczą. Warto rozważyć nawiązanie współpracy z rzemieślnikami, którzy produkują uzupełniające artykuły, takie jak świece, ceramika i inne produkty.

Na przykład, współpracuj z lokalnym producentem sake, aby stworzyć linię wagashi nasyconych sake lub o smaku uzupełniającym ich najlepiej sprzedający się napar. Produkty te mogą być prezentowane podczas degustacji sake lub w specjalnych zestawach upominkowych, łącząc słodycze z ich butelkami.

Wspólne linie produktów: Aby jeszcze bardziej rozszerzyć relacje biznesowe, warto rozważyć opracowanie wspólnej linii produktów z inną marką. Może to obejmować stworzenie limitowanej linii słodyczy sprzedawanych przez obie firmy lub zaprojektowanie ekskluzywnych produktów na wydarzenia lub specjalne promocje. Zestawy upominkowe pod wspólną marką są szczególnie popularne w przypadku świąt lub wydarzeń kulturalnych, ponieważ zapewniają klientom charakterystyczne i wyselekcjonowane wrażenia.

Na przykład świąteczne pudełko prezentowe zawierające zarówno słodycze, jak i mieszanki herbat z lokalnej firmy herbacianej może być tworzone i sprzedawane klientom przez obie firmy, co skutkuje podziałem zysków i zwiększoną ekspozycją dla obu firm.

Wzajemne promocje i programy lojalnościowe w celu utrzymania klientów

Aby firma odniosła sukces, konieczne jest kultywowanie długoterminowych relacji z klientami. Wzajemne promocje i programy lojalnościowe to skuteczne metody nagradzania obecnych klientów i zachęcania ich do ponownych zakupów, a jednocześnie przyciągania nowych klientów.

Wzajemne promocje z firmami partnerskimi: Współpracuj z firmami, które uzupełniają Twoją ofertę w zakresie wzajemnych promocji, aby zwiększyć zasięg i świadomość marki. Na przykład, możesz zaoferować zniżkę na swoje wypieki klientom, którzy dokonają zakupu w partnerskiej herbaciarni lub kawiarni i odwrotnie. Takie promocje zachęcają klientów do korzystania z usług obu firm, budując poczucie wspólnoty i wzajemnego wsparcia.

Dla celów ilustracyjnych rozważmy następujący przykład: W zamian za określoną ilość herbaty zakupionej w partnerskiej herbaciarni, klienci otrzymają kupon na darmową lub zniżkową słodycz z Twojej firmy. Zachęca to klientów do wypróbowania obu produktów i sprzyja pozytywnym relacjom między firmami.

Programy lojalnościowe: Zaleca się wdrożenie programu lojalnościowego w celu zachęcenia klientów do ponawiania zakupów i budowania ich lojalności. Jedną z prostych metod jest dostarczenie klientom karty perforowanej (np. "Kup 10 słodyczy, 1 otrzymasz gratis"). Alternatywnie, cyfrowy program nagród może być dostępny za pośrednictwem witryny e-commerce. Programy lojalnościowe zachęcają do zatrzymania klientów i zapewniają sposób na wyróżnienie najbardziej lojalnych klientów.

Cyfrowy program lojalnościowy: W przypadku sklepu internetowego zalecamy oferowanie klientom punktów za każdy zakup, które mogą wymienić na rabaty, darmowe produkty lub ekskluzywne oferty. Strategia ta nie tylko zachęca do ponownej sprzedaży, ale także motywuje klientów do regularnej interakcji z marką.

Wspólne programy lojalnościowe: Korzystne może być rozważenie nawiązania partnerstwa z inną firmą w celu stworzenia wspólnego programu lojalnościowego, w ramach którego klienci mogą zdobywać punkty w obu firmach i wymieniać je na nagrody od każdej z marek. Strategia ta tworzy większą wartość dla klienta i zachęca go do odkrywania obu marek, zwiększając ekspozycję i utrzymanie klientów dla obu firm.

Dla celów ilustracyjnych rozważmy następujący przykład: Nawiązanie współpracy z pobliską kawiarnią w celu zaoferowania wspólnej karty lojalnościowej, umożliwiającej klientom zdobywanie pieczątek za zakupy w obu lokalizacjach. Po dokonaniu wymaganych zakupów klient może wymienić kartę na darmowy produkt z dowolnej firmy.

Specjalne oferty dla polecających: Zachęcaj obecnych klientów do polecania znajomych, oferując zniżkę za polecenie lub specjalny prezent zarówno polecającemu, jak i nowemu klientowi. Ta strategia nie tylko przyciąga nowych klientów, ale także wzmacnia relacje z obecnymi klientami, nagradzając ich za rozpowszechnianie informacji.

Współpracując z firmami, które uzupełniają twoje, co-branding z innymi twórcami i wdrażając skuteczne strategie promocji krzyżowej, możesz znacznie rozszerzyć swój zasięg i umocnić swoją obecność na rynku. Współpraca z innymi markami nie tylko buduje lojalność klientów, ale także wzmacnia reputację i widoczność w społeczności spożywczej.

Studia przypadków z życia wzięte

Uczenie się na podstawie doświadczeń innych osób, które zbudowały odnoszące sukcesy firmy spożywcze, może dostarczyć nieocenionych spostrzeżeń podczas rozwijania własnej marki japońskich słodyczy. W tym rozdziale przeanalizujemy rzeczywiste studia przypadków przedsiębiorców, którzy stawili czoła podobnym wyzwaniom, podkreślając lekcje, których nauczyli się po drodze, popełnione błędy i strategie, które pomogły im zachować odporność.

Studium przypadku 1: Od targu rolnego do ogólnokrajowej sprzedaży

Podróż: Mała firma specjalizująca się w tradycyjnych mochi rozpoczęła działalność na lokalnych targach rolniczych z jednym stoiskiem. Właściciel, cukiernik-samouk, skupił się na tworzeniu sezonowych i rzemieślniczych słodyczy przy użyciu rodzinnych przepisów. Firma stale się rozwijała, zdobywając lojalnych klientów, którzy docenili autentyczność i kunszt słodyczy. Po dwóch latach sprzedaży rynkowej firma uruchomiła witrynę e-commerce, umożliwiając wysyłkę na terenie całego kraju. Punktem zwrotnym było nawiązanie współpracy ze specjalistycznymi sklepami spożywczymi i herbaciarniami w całym kraju.

Wyciągnięte wnioski:

Start Small, Dream Big: Właściciel skupił się na doskonaleniu kilku podstawowych produktów na lokalnych rynkach przed rozszerzeniem działalności. Budując silną reputację lokalnie, byli w stanie rozwijać się stopniowo i w przemyślany sposób, bez nadmiernej ekspansji.

Wykorzystanie trendów sezonowych: Oferowanie sezonowych słodyczy nie tylko pomogło utrzymać zainteresowanie klientów, ale także stworzyło poczucie pilności. Każdy sezon przynosił nowe smaki, dając klientom powód do regularnych powrotów.

Lojalność klientów jest kluczowa: Firma zbudowała lojalną lokalną społeczność przed ekspansją online. Pierwsi klienci stali się ambasadorami marki, rozpowszechniając informacje za pośrednictwem mediów społecznościowych i recenzji, co napędzało ich rozwój.

Błędy, których należy unikać:

Zbyt szybki rozwój: Na wczesnym etapie właściciel firmy próbował zbyt szybko nawiązać współpracę hurtową, zanim proces produkcji został w pełni skalowany. Doprowadziło to do niespójnej jakości i negatywnych opinii. Po ponownym skoncentrowaniu się na produkcji mniejszych partii i udoskonaleniu procesu, firma była w stanie rozwijać się w sposób bardziej zrównoważony.

Wskazówki dotyczące zachowania odporności:

Zdolność adaptacji: Właściciel musiał szybko się dostosować, gdy popyt przerósł jego możliwości. Stopniowo inwestując w lepszy sprzęt i zatrudniając wykwalifikowanych pracowników, był w stanie sprostać rosnącemu popytowi bez poświęcania jakości.

Współpraca z klientami: Utrzymywanie bezpośrednich relacji z klientami - zarówno osobiście na rynkach, jak i za pośrednictwem mediów społecznościowych - pomogło firmie pozostać ugruntowaną i skoncentrowaną na potrzebach odbiorców.

Studium przypadku 2: Współpraca w zakresie herbaty i słodyczy

Podróż: Dwóch partnerów biznesowych, jeden z doświadczeniem w herbacie, a drugi w słodyczach, połączyło siły, aby uruchomić przedsięwzięcie oferujące herbaty i słodycze na zamówienie. Otworzyli małą herbaciarnię oferującą tradycyjne japońskie herbaty i wagashi. Herbaciarnia szybko stała się lokalnym sukcesem, znanym ze spokojnej atmosfery i charakterystycznego menu parowania. Z czasem firma rozszerzyła swoją ofertę o herbaciane i słodkie pudełka upominkowe dostępne do zakupu online, a także usługę subskrypcji zapewniającą klientom comiesięczny wybór par herbaty i słodyczy.

Wyciągnięto następujące wnioski:

Niezbędne jest stworzenie wyjątkowego doświadczenia dla klientów. Kluczem do ich sukcesu była nie tylko sprzedaż herbaty i słodyczy, ale raczej stworzenie wciągającego doświadczenia. Połączenie herbaty z wagashi stało się charakterystyczną ofertą, która odróżniała ich od innych herbaciarni.

Współpraca jest niezbędna dla innowacji. Łącząc swoje doświadczenie w dwóch różnych dziedzinach, właściciele byli w stanie stworzyć bardziej kompleksową i atrakcyjną ofertę produktów. Połączenie herbaty i słodyczy okazało się skuteczną strategią przyciągania lojalnej bazy klientów.

Ważne jest, aby unikać następujących błędów:

Niewykorzystanie możliwości sprzedaży online: Na początkowych etapach działalności właściciele skoncentrowali swoje wysiłki na rozwoju fizycznej siedziby, w wyniku czego nie udało im się zaistnieć w Internecie. Po uruchomieniu sklepu internetowego od samego początku dostrzegli potencjał dotarcia do znacznie szerszego grona odbiorców.

Poniższe wskazówki mają na celu pomóc firmom zachować odporność:

Od samego początku zaleca się dywersyfikację źródeł przychodów. Kiedy pandemia doprowadziła do tymczasowego zamknięcia ich fizycznej siedziby, usługa subskrypcji online firmy i pudełka na herbatę / słodycze pozwoliły im zachować stabilność. Dzięki wczesnej dywersyfikacji źródeł przychodów firma była w stanie przetrwać burzę, gdy sprzedaż osobista nie była możliwa.

Ważne jest również skupienie się na doświadczeniu klienta. Pomimo wyzwań, firma nigdy nie poszła na kompromis w kwestii doświadczenia klienta. Zarówno w herbaciarni, jak i w Internecie, skupili się na oferowaniu wyjątkowych i osobistych doświadczeń, które zbudowały silną lojalność klientów.

Studium przypadku 3: Modernizacja tradycyjnych słodyczy

Proces: Cukiernik z doświadczeniem we francuskich i japońskich technikach kulinarnych postanowił zmodernizować tradycyjne japońskie słodycze poprzez włączenie globalnych smaków i technik. Rezultatem była fuzja wagashi i zachodnich deserów, w tym mochi wypełnione czekoladowym ganache lub dorayaki z solonym karmelem. Firma rozpoczęła działalność jako skromne przedsiębiorstwo cateringowe, ale następnie rozszerzyła swoją działalność poprzez imprezy pop-up i partnerstwo z wysokiej klasy restauracjami. Ostatecznie firma wprowadziła na rynek udaną linię mrożonych deserów, które są sprzedawane w supermarketach dla smakoszy.

Wyciągnięto następujące wnioski:

Innowacja jest kluczowym czynnikiem sukcesu. Łącząc tradycyjne techniki z nowoczesnymi smakami, szef kuchni opracował charakterystyczny produkt, który wyróżniał go na nasyconym rynku deserów. Połączenie wpływów Wschodu i Zachodu odbiło się szerokim echem i przyciągnęło uwagę mediów.

Zaleca się współpracę w celu uzyskania ekspozycji. Współpraca z wysokiej klasy restauracjami i szefami kuchni pomogła zbudować wiarygodność i zapewniła firmie dostęp do bazy klientów, którzy doceniają rzemieślnicze, wysokiej jakości słodycze.

Ważne jest, aby unikać następujących błędów:

Produkt został wyceniony zbyt nisko. Od samego początku firma napotykała trudności w osiągnięciu rentowności z powodu ustalania cen swoich produktów poniżej poziomu współmiernego do kosztów produkcji i jakości użytych składników. Po ponownym rozważeniu strategii cenowej i podkreśleniu wysokiej jakości swoich słodyczy, odkryli, że klienci są skłonni zapłacić wyższą cenę za wysokiej klasy, ręcznie robione produkty.

Wskazówki dotyczące zachowania odporności:

Chęć zmiany kierunku: Początkowo koncentrując się wyłącznie na cateringu, firma zdała sobie sprawę, że mrożone desery oferują sposób na skalowanie przy jednoczesnym zachowaniu jakości. Otwartość na nowe linie produktów i kanały dystrybucji pomogła im wyjść poza pierwotną koncepcję.

Wspólne wnioski ze wszystkich studiów przypadków:

Zacznij od małego i rozwijaj się stopniowo: Wszystkie trzy firmy zaczęły od małych, łatwych w zarządzaniu ofert i skalowały się dopiero po ustanowieniu silnych podstaw. Niezależnie od tego, czy chodzi o lokalne rynki, wydarzenia pop-up, czy pojedynczą herbaciarnię, rozwijały się one organicznie.

Koncentracja na jakości i spójności: Wysokiej jakości składniki i dbałość o szczegóły były spójnymi tematami we wszystkich udanych przedsięwzięciach. Klienci cenią sobie jakość, a w branży spożywczej jest to coś, co wyróżnia cię i sprawia, że wracają.

Zdolność adaptacji jest kluczowa: Każda firma stanęła w obliczu wyzwań - niezależnie od tego, czy chodziło o skalowanie produkcji, poruszanie się po pandemii czy udoskonalanie linii produktów - ale ich zdolność do adaptacji i przestawiania się w razie potrzeby pomogła im zachować odporność.

Zaangażowanie klientów jest kluczowe: Budowanie relacji z klientami, czy to osobiście, czy online, było istotną częścią sukcesu każdej firmy. Reagowanie na opinie, tworzenie osobistych więzi i angażowanie się za pośrednictwem mediów społecznościowych odegrały ważną rolę w budowaniu baz lojalnych klientów.

Rozwój poza słodycze

W miarę rozwoju i dojrzewania działalności związanej z japońskimi słodyczami, warto rozważyć dywersyfikację w kierunku nowych przedsięwzięć. Wykorzystanie marki i bazy klientów zbudowanej wokół słodyczy może być skuteczną strategią dywersyfikacji źródeł przychodów i ustanowienia firmy jako kompleksowej marki zakorzenionej w japońskiej kulturze. W tym rozdziale zbadamy, w jaki sposób japońska marka słodyczy może być wykorzystana jako trampolina do szerszych przedsięwzięć, w tym ekspansji na inne kategorie produktów, takie jak napoje, przekąski lub produkty lifestyle'owe inspirowane japońską tradycją.

Patrząc w przyszłość, Po ustanowieniu silnej tożsamości marki, lojalnej bazy klientów i reputacji wysokiej jakości produktów rzemieślniczych, jesteś gotowy do rozszerzenia swojej początkowej oferty. Istniejąca baza klientów wykazała wysoki poziom zaufania do marki i reprezentowanych przez nią wartości. Stanowi to idealną okazję do wprowadzenia produktów uzupełniających, które są zgodne z ich gustami i oczekiwaniami. W poniższej sekcji przedstawiono kroki, które należy podjąć, wykorzystując swoją działalność w zakresie słodyczy jako punkt wyjścia dla szerszych przedsięwzięć.

Maksymalizacja wartości marki. Twoja marka japońskich słodyczy prawdopodobnie reprezentuje takie wartości, jak rzemiosło, autentyczność kulturowa i najwyższa jakość. Elementy te można rozszerzyć na inne produkty, które mają te same atrybuty. Biorąc pod uwagę, że klienci już kojarzą Twoją markę z tymi cechami, będą bardziej skłonni do odkrywania nowych produktów, które wprowadzasz.

Na przykład, jeśli Twoja marka opiera się na kunszcie i tradycji wagashi, możesz rozszerzyć ten kunszt na inne rzemieślnicze produkty spożywcze, takie jak tradycyjne japońskie przekąski lub mieszanki herbat.

Ważne jest, aby zastanowić się, jak rozszerzyć działalność w przemyślany sposób. Kluczowe znaczenie ma utrzymanie spójności marki w miarę rozszerzania działalności poza branżę cukierniczą. Nowe produkty powinny być wprowadzane w sposób, który wzbogaca istniejącą gamę produktów i nie osłabia tożsamości marki. Ważne jest, aby rozważyć, co jest zgodne z tożsamością marki i oczekiwaniami klientów podczas rozszerzania asortymentu produktów. Nie ma potrzeby wchodzenia w zupełnie nowe kategorie od razu; stopniowe i strategiczne wprowadzanie produktów może być bardziej skuteczne w utrzymaniu zaufania klientów.

Na przykład, jeśli Twoja marka jest znana z sezonowych słodyczy, możesz wprowadzić linię sezonowych napojów, takich jak aromatyzowana mrożona matcha latem lub ciepła, przyprawiona herbata zimą, zwiększając doświadczenie, które już oferuje Twoja marka.

Rozszerzenie działalności na inne obszary: Napoje, przekąski lub produkty inspirowane kulturą japońską

Rozważając ekspansję poza sektor słodyczy, istnieje szereg kategorii, które mogą być warte zbadania. Japońska kultura żywieniowa oferuje wiele potencjalnych możliwości dla marek, w tym napoje, przekąski i produkty lifestylowe, które są zgodne z ich estetyką i wartościami.

Japońskie napoje: Herbata, kawa i napoje

Linia napojów jest logicznym kolejnym krokiem dla firmy koncentrującej się na japońskich słodyczach, ponieważ herbata i słodycze są często kojarzone. Wprowadzenie napojów uzupełniających słodycze może poprawić ogólne wrażenia klientów i urozmaicić ofertę produktów.

Tradycyjne japońskie herbaty: Herbata jest integralną częścią japońskiej kultury kulinarnej, co czyni ją idealną kategorią do ekspansji. Wybór herbat premium, w tym matcha, sencha i hojicha, może być oferowany w połączeniu ze słodyczami. Warto rozważyć zapakowanie produktu w atrakcyjne puszki, które będą zgodne z estetyką marki.

Na przykład, stwórz kolekcję parowania herbaty i wagashi, oferując klientom możliwość zakupu mieszanek herbat, które uzupełniają określone słodycze z istniejącej linii.

Napoje inspirowane Japonią: Oprócz tradycyjnych herbat, warto rozważyć wprowadzenie nowoczesnych, inspirowanych Japonią napojów, takich jak matcha latte, napoje gazowane yuzu lub mrożona herbata hojicha. Napoje te mogą być sprzedawane na tymczasowych imprezach, targach rolniczych, a nawet butelkowane do sprzedaży online.

Rozważ na przykład oferowanie butelkowanej matcha latte lub mrożonej matcha w atrakcyjnych, ekologicznych opakowaniach dla klientów w podróży.

Sake lub japońskie piwo rzemieślnicze: W przypadku bardziej ryzykownej ekspansji możesz współpracować z lokalnymi browarami, aby wprowadzić linię sake lub piwa rzemieślniczego, które łączą się ze słodyczami. Napoje alkoholowe stają się coraz bardziej popularne w parach z jedzeniem, a to może spodobać się klientom szukającym bardziej podniosłych wrażeń.

<u>Japońskie przekąski</u>

Jeśli twoi klienci są otwarci na twoją obecną linię produktów, mogą być również zainteresowani spróbowaniem innych tradycyjnych lub nowoczesnych japońskich przekąsek. Dywersyfikacja w kierunku pikantnych lub nadających się do przekąszenia opcji pozwala rozszerzyć gamę produktów bez uszczerbku dla podstawowej tożsamości marki.

Pikantne przekąski: Japońskie przekąski, takie jak senbei (krakersy ryżowe), przekąski nori i chipsy edamame, stanowią pikantne uzupełnienie istniejącej gamy słodkich produktów.

Przekąski te są popularne zarówno w Japonii, jak i na całym świecie i mogą być łatwym dodatkiem do oferty produktów.

Na przykład, rozważ wprowadzenie linii senbei w smakach takich jak sos sojowy, wodorosty i wasabi, oferując klientom kontrast do słodszych produktów.

Przekąski fusion: Rozważ opracowanie inspirowanych Japonią przekąsek typu fusion, które łączą znane smaki z japońskimi składnikami. Można na przykład stworzyć popcorn o smaku matchy lub ciastka ryżowe o międzynarodowych smakach.

Przykład: Zaoferuj pudełko subskrypcyjne "słodycze i przekąski", które zawiera zarówno charakterystyczne słodycze, jak i nowe, innowacyjne przekąski inspirowane Japonią, atrakcyjne dla klientów, którzy lubią próbować różnych smaków.

Produkty lifestylowe inspirowane kulturą japońską

Oprócz rozszerzenia działalności na żywność i napoje, produkty lifestylowe, które odzwierciedlają japońską estetykę, rzemiosło i tradycję, mogą również rezonować z klientami i stanowić unikalny punkt sprzedaży dla Twojej marki. Produkty te mogą zwiększyć doświadczenie kulturowe oferowane przez markę i poszerzyć bazę klientów.

Zastawa stołowa i akcesoria kuchenne to również doskonałe opcje do rozważenia.

Zalecamy oferowanie pięknie wykonanych japońskich zastaw stołowych, takich jak zestawy do herbaty, talerze deserowe lub miseczki do matchy, jako uzupełnienie słodyczy. Przedmioty te mogą być sprzedawane jako samodzielne produkty lub dołączone do zestawów upominkowych ze słodyczami.

Można na przykład nawiązać współpracę z lokalnym artystą ceramikiem, aby stworzyć limitowane zestawy do herbaty lub tace do serwowania wagashi. Te ekskluzywne przedmioty mogą zwiększyć wartość Twojej marki i zapewnić klientom wrażenia premium.

Artykuły domowe inspirowane japońskim wzornictwem: Ponadto warto rozważyć wprowadzenie do oferty artykułów domowych, takich jak świece, pościel lub elementy wystroju inspirowane japońskim minimalistycznym wzornictwem. Te produkty związane ze stylem życia są zgodne ze spokojnym, celowym duchem wagashi i mogą spodobać się klientom, którzy cenią przemyślane rzemiosło.

Na przykład, rozważ zaoferowanie zestawu upominkowego "herbata i spokój", który zawiera wybór słodyczy, ręcznie nalewaną świecę o zapachach inspirowanych Japonią, takich jak kwiat wiśni lub yuzu, oraz wyselekcjonowaną mieszankę herbat.

Książki kucharskie lub zestawy przepisów: Jeśli twoi klienci wyrażają zainteresowanie twoimi słodyczami, mogą być również zainteresowani nauczeniem się, jak zrobić je w domu. Stwórz książkę kucharską lub zestawy przepisów DIY, które poprowadzą klientów przez proces tworzenia wagashi, mochi lub napojów inspirowanych Japonią we własnych kuchniach. Pozwoli to zdywersyfikować ofertę i ugruntować autorytet w branży.

Uruchamianie nowych przedsięwzięć przy jednoczesnym zachowaniu integralności marki

Rozszerzając swoją działalność na nowe kategorie, należy zadbać o zachowanie integralności marki. Podstawowe wartości marki - takie jak zaangażowanie w autentyczność, rzemiosło lub zrównoważony rozwój - powinny być odzwierciedlone we wszystkich produktach, niezależnie od kategorii. Kluczowe znaczenie ma utrzymanie spójności w zakresie jakości, prezentacji i doświadczenia klienta, aby zapewnić, że klienci będą nadal ufać Twojej marce w miarę jej rozwoju.

Zaleca się stopniowe testowanie nowych produktów.

Podobnie jak w przypadku początkowego uruchomienia linii produktów, należy rozpocząć od ograniczonego wdrożenia i przetestować rynek przed pełnym zaangażowaniem się w nowe przedsięwzięcia. Jedną ze strategii może być oferowanie limitowanych serii nowych napojów, przekąsek lub artykułów lifestyle'owych i zbieranie opinii przed dalszą ekspansją.

Zachowaj spójność w estetyce i narracji marki. Ważne jest, aby każdy nowy produkt odzwierciedlał tę samą estetykę i historię, z której znana jest Twoja marka, niezależnie od tego, czy sprzedajesz słodycze, czy artykuły gospodarstwa domowego. Spójny branding i opowiadanie historii we wszystkich liniach produktów wzmocni więź klientów z większą wizją stojącą za Twoją firmą.

Dywersyfikując gamę produktów poza japońskie słodycze, można stworzyć kompleksowe doświadczenie marki, które pozwala klientom angażować się w produkty na wiele sposobów. Od parowania herbaty po przekąski i produkty lifestylowe, te przedsięwzięcia mogą wzbogacić życie klientów i wywrzeć na nich trwałe wrażenie. W miarę rozwoju ważne jest, aby zachować wartości, które sprawiły, że słodycze odniosły sukces, a mianowicie jakość, autentyczność i związek z kulturą japońską. Zapewni to długoterminowy sukces.

Podsumowanie

Kończąc ten program, będziesz miał okazję zastanowić się nad potencjałem przekształcenia swojej pasji do japońskich słodyczy w dobrze prosperujący, zrównoważony biznes. Do tej pory nabyłeś już podstawowe umiejętności w zakresie tworzenia marki, ekspansji biznesowej, rozwoju partnerstwa i rozwoju przedsięwzięcia. Każdy rozdział zawiera narzędzia, strategie i inspiracje niezbędne do ułatwienia przejścia od pasji do zysku.

Jest to jednak tylko punkt wyjścia.

Budowanie biznesu wokół pasji wymaga czegoś więcej niż tylko wiedzy technicznej. Wymaga wytrwałości, kreatywności i niezachwianego oddania wizji i misji firmy. Nieuniknione jest pojawienie się wyzwań, ale każde z nich stanowi okazję do wzrostu i rozwoju. W miarę postępów ważne jest, aby pamiętać, że autentyczność marki, jakość produktów i więź, jaką tworzysz z klientami, są kluczowymi czynnikami, które zapewnią długoterminowy sukces.

Każda odnosząca sukcesy marka zaczyna się od jednego pomysłu, iskry inspiracji. Jeśli masz pasję do kunsztu i tradycji stojących za japońskimi słodyczami, możesz polegać na tej pasji, która popchnie Cię do przodu, nawet jeśli droga przed Tobą jest niejasna. Kreatywność jest kluczem do innowacji, umożliwiając identyfikację nowych sposobów na wyróżnienie się na rynku i utrzymanie zainteresowania klientów. Niezwykle ważne jest, aby pozostać wiernym swojej wizji, aby zagwarantować, że firma pozostanie wierna swojej tożsamości i wartościom, które chce przekazać światu.

Dla tych, którzy chcą zdobyć wiedzę na temat technicznych aspektów tworzenia japońskich słodyczy, pozostałe książki z tej serii dostarczą wskazówek na temat składników, technik i przepisów na tradycyjne i innowacyjne słodycze. Dzięki wiedzy z tej serii będziesz mieć narzędzia do tworzenia słodyczy, które są nie tylko pyszne, ale także wierne sztuce i kulturze japońskiego deseru.

Podejmij inicjatywę, aby przekształcić swoją pasję w konkretne przedsięwzięcie biznesowe. Dąż do stworzenia czegoś wyjątkowego, czegoś, co zachwyci i zainspiruje innych. Twoja podróż do stworzenia dobrze prosperującego japońskiego biznesu słodyczy już się rozpoczęła, a możliwości rozwoju są nieograniczone.

www.ingramcontent.com/pod-product-compliance
Lightning Source LLC
Chambersburg PA
CBHW070348230526
45471CB00006B/2476